新时代乡村文化振兴研究

陈叙　主编

·北京·

国家行政学院出版社
NATIONAL ACADEMY OF GOVERNANCE PRESS

图书在版编目（CIP）数据

新时代乡村文化振兴研究 / 陈叙主编 . -- 北京：
国家行政学院出版社，2025.6. -- ISBN 978-7-5150
-2770-8

Ⅰ. G127

中国国家版本馆 CIP 数据核字第 2025VY3468 号

书　　名	新时代乡村文化振兴研究	
	XINSHIDAI XIANGCUN WENHUA ZHENXING YANJIU	
作　　者	陈　叙　主编	
责任编辑	宋颖倩	
责任校对	许海利	
责任印刷	吴　霞	
出版发行	国家行政学院出版社	
	（北京市海淀区长春桥路 6 号　100089）	
综 合 办	（010）68928887	
发 行 部	（010）68928866	
经　　销	新华书店	
印　　刷	中煤（北京）印务有限公司	
版　　次	2025 年 6 月北京第 1 版	
印　　次	2025 年 6 月北京第 1 次印刷	
开　　本	170 毫米×240 毫米　16 开	
印　　张	13	
字　　数	172 千字	
定　　价	65.00 元	

本书如有印装问题，可联系调换，联系电话：（010）68929022

| 导 论

一、研究缘起与研究意义

自党的十九大提出实施乡村振兴战略以来，按照"产业兴旺、生态宜居、乡风文明、治理有效、生活富裕"的目标，各地开展了各种生动活泼的实践。文化在乡村振兴中的功能得到了应有的重视，学术研究也呈现出活跃之势。对乡村文化建设的丰富实践和理论研究进行分析和总结，以期更进一步推动乡村文化建设和乡村振兴就显得尤为必要。

（一）研究背景

1. 乡村振兴战略与国家文化发展战略的双重交汇

2017 年党的十九大提出实施乡村振兴战略以来，乡风文明建设便成为乡村振兴的重要组成部分。乡村的价值开始得到多维度的审视，乡村文化的功能开始得到更充分的重视。2018 年《乡村振兴战略规划（2018—2022 年）》出台，并以"繁荣发展乡村文化"为题从加强农村思想道德建设、弘扬中华优秀传统文化、丰富乡村文化生活三个方面进行了专章规划，强调"坚持以社会主义核心价值观为引领，以传承发展中华优秀传统文化为核心，以乡村公共文化服务体系建设为载体，培育文明乡风、良好家风、淳朴民风，推动乡村文化振兴，建设邻里守望、诚信重礼、勤俭节约的文明乡村"。2019 年中央农村工作领导小组办公室、农业农村部、中央组织部等多个部门联合发布《关于进一步推进移风易俗 建设文明乡风的指导意见》，从政策层面就推动乡风文明建设给出了更为具体的要求。2021 年实施的《中华人民共和国乡村振兴促进法》则明确强调要充分发挥乡村在传承发展中华优秀传统文化等方面的特有功能。2025 年印发的《乡村全面振兴规划（2024—2027 年)》要求繁荣乡村文化，培育新时代文明乡风，提升乡村精神风貌，重塑乡村文化生态，增强乡村文化影响力。

与此同时，国家层面高度重视文化发展。"文化自信"是 21 世纪以来国家层面高度关注的一个核心概念，习近平总书记在多个场合多次提到文化自信，并把它和道路自信、理论自信、制度自信相提并论成为第四个自信。这和中国百年现代化进程的演进和国家综合实力的不断增强有着密切的关联。党的十九大则将文化自信提高到中华民族伟大复兴的高度，强调"没有高度的文化自信，没有文化的繁荣兴盛，就没有中华民族伟大复兴"。文化是民族的根脉，中华民族伟大复兴的应有之义中必然包含着文化复兴。2017 年，中共中央办公厅、国务院办公厅印发了《关于实施中华优秀传统文化传承发展工程的意见》。一百多年来的现代化进程中，乡村更多被视为传统的、落后的、前现代的，辗转于古今东西之间，中华民族从来没有像今天这样集体呈现出对传统亲近和了解的渴望。这也意味着随着国家实力的不断增强，文化自觉和文化自信意识被不断唤醒，我们开始思考如何在现代化转型中增强自身的文化主体性。乡村是中华优秀传统文化生长的土壤，是培育文化自信的优质载体。几千年来的农耕文明孕育了天人合一的宇宙观、道法自然的生活方式以及礼义仁孝的传统价值观念，在漫长的历史演进中，乡村已成为孕育中华文化的基因库。因而需要从民族文化复兴的高度去认识乡村文化振兴的重要意义。国家文化发展战略与乡村振兴战略交汇，使乡村的文化价值开始得到重新审视。没有乡村的文化自信就没有中华民族的文化自信，没有实现乡风文明的乡村振兴不是真正意义上的振兴，乡风文明不是乡村振兴的次要方面，而是其初心和使命。《乡村全面振兴规划（2024—2027年）》鲜明地指出："实施文明乡风建设工程，以社会主义核心价值观为引领，加强文明培育、文明实践、文明创建工作。"

2. 衰败与复兴双重变奏下乡村文化现代化转型加深

不可否认的是在乡村振兴战略提出的背后是乡村凋敝的现实。伴随着城市化进程的推进，大量农村人口向城市转移，乡村出现了空心化等现象，生产、生活空间的抽离使传统的乡土价值和伦理开始消解，新的价值观念尚未建立，乡村出现了炫耀性消费等现象。学者贺雪峰认为"当前农村存在的主要问题不是农民收入太低，劳动太重，而是消费不合理，闲暇无意义，是社会关系的失衡，是基本价值的失准，是文化的失调"[1]。长期以来在现代化的视野以及城乡二元分治的格局下，城市被视为文明，乡村则更多被视为未被改造的落后对象。当前"传统文化资源的流失与农民精神文化需求的极度短缺，以及全社会对乡村文化价值认识的偏差，导致了乡村文化的空心化、虚无感和缺少与现代文化的对接能力"[2]。乡村振兴不仅仅是产业的振兴，更为重要的是文化和社会的重建。

在乡村传统文化式微的现实，以及乡村振兴战略和国家文化发展战略交汇下，乡村文化振兴中的多样实践也如火如荼地展开。乡村已不再是封闭的场域，而是政府、市场、社会等多元力量交汇融合的场域，无

---

① 贺雪峰：《乡村建设的重点是文化建设》，《广西大学学报（哲学社会科学版）》2017年第4期。

② 刘忱：《乡村振兴战略与乡村文化复兴》，《中国领导科学》2018年第2期。

论是公共文化服务体系的完善还是乡村文化产业的发展，非物质文化遗产保护都呈现出各种丰富的样态和实践，这当中既具有成功的经验也涌现出新的问题；既有乡村文化局部呈现的复兴之态，也有乡村文化实践与农民的生产生活相疏离的状况，需要理论界及时予以研究和关注。

（二）研究意义

1. 理论意义

乡村是中华优秀传统文化的摇篮，百年中国现代化进程是中国乡村百年变迁的历史，乡村文化的境遇也是中国现代化进程中文化变迁的一个缩影和重要样本。本书在乡村振兴的大背景下重新审视乡村文化的价值和乡村文化建设的发展进程，对当前城乡融合进程中乡村文化的实践进行观察和理论思考，对乡村振兴背景下大量资源要素的投入所带来的乡村文化变迁进行观察，研究哪些要素的介入有利于培育乡村文化的主体性，有利于增强乡村文化对现代化的自主适应性，在一定意义上丰富了文化建设和文化变迁的相关理论。

2. 实践意义

当前乡村文化振兴在各地有着丰富多样的实践，这些实践是否遵循了尊重乡村本位和农民主体的价值取向？它们的成功有着哪些共同的规律及可供推广的经验，又面临着什么样的困惑，存在什么样的问题？对这些实践案例进行深度的总结和分析，为相关职能部门的政策制定提供决策参考，为进一步优化乡村文化建设的实践提供借鉴，无疑具有很强的实践意义。

二、研究现状回顾

自 2017 年党的十九大提出乡村振兴战略以来，乡村文化建设就成为学界的研究热点，以"乡村文化"为主题词检索近五年来核心期刊和

CSSCI 发表的文章共计 1093 篇，关涉的国家社科基金高达 243 项，研究主题与乡村振兴高度相关，主要分布在乡村文化振兴、乡村公共文化服务、乡村旅游发展、乡村治理等方面，研究热度呈现出年年攀升的态势。

（一）关于乡村文化的宏观研究现状

1. 关于乡村文化内涵和乡村文化建设意义的研究

由于文化内涵本身的丰富性，学界对乡村文化内涵的认识主要偏向于两类视角。一类主要是从文化的哲学意蕴及文化建设的视角去认识其内涵，更强调乡村文化的精神价值意蕴，认为乡村文化是相对于城市文化的一种特殊文化形态，是一套包括了价值观念、道德情感、处事方式、情感归宿的文化符号体系，同时从便于分析出发又将其划分为物质层面、制度层面、精神层面、行为层面等。① 也有从精神家园层面去理解乡村文化的内涵，认为乡村文化认知、道德观念、价值理念及理想信念等共同构成了乡村精神家园。也有从功能视角出发强调乡村文化是"能够引领乡村善治、增加村庄财富、提升村民福祉的，存在于村落形态中的物质表象、观念形态和行为守则"②。还有的强调乡村文化既包含了规范性和信仰性的文化价值体系，还包括了文化活动、文化组织及文化设施等文化载体。③ 尽管层次划分不同，但都考虑到了文化独有的弥散性和渗透性特点。另一类则主要从社会学、人类学视角出发，注重乡村文化的社会基础和价值功能，更注重主体、社会与文化的互动结构和关系。如赵旭东认为"乡村"与"农村"比较，去掉了农村的政治阶层意味，更

---

① 孙喜红、贾乐耀、陆卫明：《乡村振兴的文化发展困境及路径选择》，《山东大学学报（哲学社会科学版）》2019 年第 5 期。

② 高静、王志章：《改革开放 40 年：中国乡村文化的变迁逻辑、振兴路径与制度构建》，《农业经济问题》2019 年第 3 期。

③ 韩鹏云：《乡村文化的历史转型与振兴路径》，《华南农业大学学报（社会科学版）》2020 年第 4 期。

多了一层文化和情感要素，也更契合中国传统文化中的乡土性和农耕文明传统，概念更为包容和中立。乡村文化"指在乡村社会中，以农民为主体，以乡村社会的知识结构、价值观念、乡风民俗、社会心理、行为方式为主要内容，以农民的群众性文化娱乐活动为主要形式的文化类型"①。它是"村落乡民独特生命样式的背景知识"。也有学者认为村庄的经济、社会、信仰等是紧密关联的，乡村文化是乡村日常生活的映射，是一种深潜于农民日常生活中的文化，是人们司空见惯的生活方式。"乡村文化既不可化约为乡村社会中的文化活动和文化设施，也非悬浮于村庄日常生活之上的'象征'和'隐喻'。"② 也有学者从村落这一形态出发去理解乡村文化，认为其包含了"农耕生产中的本体文化、农业技艺中的衍生文化以及乡村生活中的节庆与仪式文化"③。其中包含了尊重自然、保护土地以及各种智慧等丰富的价值意蕴。

关于乡村文化建设的意义，从文化的功能来看，文化可以凝聚人心，改变乡村的精神风貌；乡村文化的伦理价值有益于维护秩序，提高乡村治理水平。文化可以提供价值引领，培育绿色生产生活方式，丰富的文化资源和深厚的文化内涵又可以充分助力乡村产业发展。良好的文化氛围和环境还能吸引人才。乡村文化振兴与乡村振兴的多重价值目标之间也存在耦合关系。④ 因而"文化既是乡村得以延续的根基灵魂，也是实现乡村振兴的精神之源"⑤。"文化振兴是乡村振兴的力量之'根'和发展之'魂'。"⑥

---

① 赵旭东、孙笑非：《乡村文化的再生产——基于一种文化转型观念的再思考》，《南京农业大学学报（社会科学版）》2017年第1期。

② 杜鹏：《转型期乡村文化治理的行动逻辑》，《求实》2021年第2期。

③ 高瑞琴、朱启臻：《何以为根：乡村文化的价值意蕴与振兴路径——基于〈把根留住〉一书的思考》，《中国农业大学学报（社会科学版）》2019年第3期。

④ 吴理财、解胜利：《文化治理视角下的乡村文化振兴：价值耦合与体系建构》，《华中农业大学学报（社会科学版）》2019年第1期。

⑤ 门献敏：《关于推进乡村文化振兴的若干关系研究》，《理论探讨》2020年第2期。

⑥ 宋小霞、王婷婷：《文化振兴是乡村振兴的"根"与"魂"——乡村文化振兴的重要性分析及现状和对策研究》，《山东社会科学》2019年第4期。

2. 关于乡村文化建设问题的研究

面对乡村文化的现代化变迁，乡村文化建设"问题化"是普遍性的共识，学者们认为在乡村的变迁中，由于城乡分治的二元结构，人口的空心化、现代化以及城市文化的冲击"加速了乡村文化的矛盾叠生"①。其面临的问题主要体现在以下几个方面：一是从文化的主体来看，文化的弱势心态以及现代化进程中对乡村的负面价值评价导致"农民精神文化主体性缺乏"②，农民文化自信不足，文化建设的内生动力不足。（高静，2019；夏小华、雷志佳，2021；顾海燕，2020）二是从文化的价值性和伦理性来看，"乡村传统伦理规范弱化"③，共同体意识分化，情感淡漠，"乡村公共文化空间式微"④。传统文化资源流失，乡村精神价值空虚，不足以安放农民的灵魂。（毛一敬、刘建平，2021；刘忱，2018；孙喜红、贾乐耀、陆卫明，2019）三是从文化的客体介入来看，文化事业投入不足，文化制度供给不够，"文化建设适应性不够"，还面临宗教和封建迷信抢占阵地、"国家意识形态建设式微"等问题。（张洪为，2019；欧阳雪梅，2018）

在"问题化"的同时，也有学者主张回归日常生活实践，用更为客观的"转型""再生产"话语来阐释乡村的文化现实，从乡村自身出发去发现乡村对现代化的适应性及其生命力。"如果立基于人类生产和生活的本体性，就会惊奇地发现，乡村具有不可替代的存在价值，并蕴含着重

---

① 金伟、金妮：《新时代乡村文化建设中的文化困境及其价值超越》，《湖北社会科学》2021年第5期。

② 刘涛：《转型期乡村文化振兴的依托基础、现实困境及重构路径》，《农业经济》2021年第8期。

③ 金伟、金妮：《新时代乡村文化建设中的文化困境及其价值超越》，《湖北社会科学》2021年第5期。

④ 同上。

新振兴的内生动力。"① 赵旭东认为"面对现代世界，乡村文化的转型必将是一种必然。由此我们真正要注意到乡村自身存在的内敛与外显，它既是封闭的，同时也是开放的"②。乡村振兴战略的实施在一定意义上正是文化自信的体现。

3. 关于乡村文化建设路径的研究

针对乡村文化建设面临的诸多困境和问题，相当一部分研究从文化的价值引领功能、治理功能、经济功能出发，结合乡村振兴战略所设定的框架体系提出了相应的解决思路。一是以先进文化和社会主义核心价值观为引领加强乡村的思想文化建设，突出农民的文化主体地位。（沈费伟，2020；陈文胜、李珺，2021；李凤兰，2018）二是弘扬优秀传统文化，培育文明乡风、良好家风以及淳朴民风，重构社会关系。（孙喜红，2019；宋小霞、王婷婷，2019；向天成，2020）三是加强公共文化服务体系建设，丰富农民的精神文化生活。（韩鹏云，2020；甘迎春，2021）四是推动文化资源向产业转化，推动文化振兴与产业、生态振兴融合发展。（高静，2019；宋小霞、王婷婷，2019）五是加强制度建设，培育乡村文化建设的人才队伍等。（高静，2019；刘涛，2019；陈文胜、李珺，2021）

其中有的学者注意到了乡村文化建设中多种文化资源的交汇和多元主体的合作，强调乡村本位，以及内生与外生之间的关系，从传统文化建设的宣教传统转向文化与社会治理的互嵌融入视角，强调"唯有与时俱进实现传统文化与现代文化的融合，文化振兴才有可能"。"振兴乡村文化应是'培土'，而非'移栽'。"③ 韩鹏云认为乡村文化振兴应"寻找

---

① 高瑞琴、朱启臻：《何以为根：乡村文化的价值意蕴与振兴路径——基于〈把根留住〉一书的思考》，《中国农业大学学报（社会科学版）》2019年第3期。

② 赵旭东：《乡村何以振兴？——自然与文化对立与交互作用的维度》，《中国农业大学学报（社会科学版）》2018年第3期。

③ 高瑞琴、朱启臻：《何以为根：乡村文化的价值意蕴与振兴路径——基于〈把根留住〉一书的思考》，《中国农业大学学报（社会科学版）》2019年第3期。

乡村公共文化服务与乡土文化的'接点治理'""推动传统乡村文化价值
与现代乡村文化价值的双向涵化"，通过基层治理与社区营造，使国家与
社会协同共进，促进价值融合。① 毛一敬等从村落共同体的视角来分析
乡村文化建设，指出文化建设应由行政包办向激活社会的逻辑转化。"以
优秀道德观念为媒介凝聚村民价值共识，以民俗活动为载体营造村民互
动空间，再造村民间的社会性联结，促进村落共同体振兴。"② 顾海燕从
日常生活方式的文化维度出发强调文化主体的重要性，指出"乡村文化
的振兴需以外激内，以政策供给破解内生动力的生成困局，以政策、体
制和机制的改革与创新消解实践难题，为内生动力提供可扶持的发展保
障"③。向天成等从社会交往理论出发指出，乡村文化振兴要"以健全乡
村文化支持体系为重要载体，以激发乡村民众有意义的社会交往为重要
方式"④。张新文等以鄂西北武村修复宗族文化事件作为分析对象，揭示
了政府以及村庄内外不同行动者如何在共意下形成共同行动，通过社会
治理途径实现乡风文明。⑤

（二）关于乡村文化建设的多维度研究现状

由于乡村文化的内涵相当丰富，除了从宏观层面对乡村文化建设和
文化振兴进行研究之外，还有相当多的研究更具体地聚焦于乡村文化建
设的某些方面。从研究成果来看较为集中地体现在对乡村优秀传统文化

---

① 韩鹏云：《乡村文化的历史转型与振兴路径》，《华南农业大学学报（社会科学版）》
2020 年第 4 期。
② 毛一敬、刘建平：《乡村文化建设与村落共同体振兴》，《云南民族大学学报（社会科学
版）》2021 年第 3 期。
③ 顾海燕：《乡村文化振兴的内生动力与外在激活力——日常生活方式的文化治理视角》，
《云南民族大学学报（哲学社会科学版）》2020 年第 1 期。
④ 向天成、赵微：《社会交往理论视域下乡村文化振兴的实践理路》，《贵州民族研究》
2020 年第 6 期。
⑤ 张新文、张龙：《乡土文化认同、共同体行动与乡村文化振兴——基于鄂西北武村修复
宗族文化事件的个案启示》，《南京农业大学学报（社会科学版）》2021 年第 4 期。

的继承和弘扬、乡村公共文化服务体系建设、乡村文化产业与文旅融合发展、乡村文化与治理互动方面，也较充分地体现了乡村振兴背景下政府、市场与社会等多元力量与乡村文化之间的互动。

1. 关于继承和弘扬乡村优秀传统文化的研究

乡村是中华优秀传统文化的根，乡村优秀传统文化是乡村振兴重要的精神动力和文化资源，也是乡村内生秩序的重要来源。在国家层面传承和弘扬优秀传统文化的政策号召与乡村振兴战略合力作用下，乡村优秀传统文化的继承和弘扬也受到学界的关注，主要集中在非物质文化遗产保护传承、乡村传统文化的发展和转化路径等方面。如黄永林认为乡村非物质文化遗产所蕴含的精神意蕴可以"让乡村文化在现代文明体系中找到自己的位置，得以复兴和重建"[1]，通过将传统文化资源进行转化开发，可以为农村经济转型发展提供依托。在积极肯定乡村非物质文化遗产对乡村振兴价值的同时，也有学者认为过度商业化开发会导致"非遗文化在乡村脱域的现象"，企业介入进行商业开发过程中充当了非遗代理人，与地方政府的政绩冲动形成合谋，导致作为非遗文化主体的农民失去了话语权，非遗成为精心设计的商业景观，远离了农民生活。媒体对非遗的传播远离了文化的本真性，导致乡村内外对非遗文化认识的困境。[2] 刘垚等则认为在乡村工艺发展过程中需要政府发挥作用以赋能乡村，通过整合多元主体，激活社会资源来解决乡村资源不足、文化主体意识不强、技术不足等多种困境。[3] 关于乡村传统文化传承发展的路径，一是嵌入论，强调传统与现代以及多种文化资源的嵌入。如刘亚玲认为

----

[1]　黄永林：《乡村文化振兴与非物质文化遗产的保护利用——基于乡村发展相关数据的分析》，《文化遗产》2019 年第 3 期。

[2]　匡卉、郑欣：《乡村文化建设中的非遗战略及其传播现象》，《中国农村观察》2021 年第 1 期。

[3]　刘垚、沈东：《乡村振兴中政府赋能传统工艺的策略探析》，《中国行政管理》2021 年第 5 期。

可以依托公共文化服务体系在乡村文化建设中的基础性地位以及内在聚合能力、外在联通作用，紧密结合乡村社会文化结构的场域性特征，挖掘、整合、扬弃中华传统文化，实现乡村物理空间、虚拟空间与制度空间的结合。[①] 二是本位论，强调从乡村村落社区肌理出发，尊重乡村社会的自生动力。如夏当英等通过对 H 镇传统文化复兴的田野考察，认为"H 镇传统文化复苏是村民自主选择的结果"，这种复兴与国家层面的逻辑一致，同时国家更柔性的治理也为保持乡土社会的特色创造了空间，而地方小社会需要达到整体的繁荣，才能让人们具备传递传统文化的自觉。国家与社会合作之中，"尊重乡村社会自生自长秩序，以复兴优秀传统文化作为培养村民主体意识的载体，是乡村社会有序化的重要内容"[②]。

2. 关于建设乡村公共文化服务体系的研究

由于国家公共文化服务体系建设的持续推进，乡村公共文化服务积累了一定的研究成果，在乡村振兴战略实施下的研究也不断深化，成为当前乡村文化研究中的热点领域。

一是关于乡村公共文化服务的体制弊端及其对策的研究。无论是用"内卷化"，还是用"服务机制空转"描述，学者们对乡村公共文化服务中供需不对接、内容单一、供给机制僵化、忽略农民的主体性等众多弊端都有一定的共识。在对政府供给侧进行研究的同时，也转向对需求侧的关注。傅才武团队以文化惠民工程作为调查对象，通过对全国 21 省 282 个行政村的调查，分析了农村公共文化服务供需失衡的体制性因素，认为在计划经济背景下建立起来的文化行业体制，考虑到文化动员的需要，更倾向于进行格式化、标准化的文化产品生产供给方式，已经不适

---

① 刘亚玲：《场域嵌入：乡村传统文化发展的认识论和方法论研究》，《图书馆》2018 年第 9 期。

② 夏当英、宣朝庆：《乡村生活秩序重构中的传统文化复兴——以皖南 H 镇为例》，《河北学刊》2018 年第 4 期。

应由于数字信息技术的发展所带来的文化消费需求的个性化、多样化、分散化变化。当前农村基层公共文化服务必须从政府计划型供给（项目制）转向市场契约型供给，从重视结果均衡转向保障机会和供给能力均衡。从政策创新出发，需要突破体制内的循环，吸纳社会力量参与公共文化服务，注重打造文化共享空间。① 在对供给侧进行研究的同时还转向需求侧，傅才武团队的研究发现农村文化惠民工程的居民认可度受到政府供给侧和居民自身文化资本的影响，但是并不完全受到供给侧的服务质量和投入规模的控制。因而建议"确立消费侧政策创新引领农村公共文化服务转型的政策路径，并探索乡镇公私混合型文化主体模式以建设农村基层新型文化共享空间"②。李少惠团队也从消费侧层面分析了农民公共文化弱参与的行动逻辑，通过分析比较家庭场域、社区场域和社会场域的不同参与，指出社区场域的服务性参与是更契合农村居民需求的服务形式。③

二是关于乡村公共文化空间的研究。学者们普遍认可公共文化空间对乡村所具有文化传播、价值共享、社会交往、活动场所等多重价值。围绕公共文化空间，学者们对公共文化服务机制进行了各种探索。如陈波认为乡村公共文化空间面临危机，应激发农民主体性保护原生文化空间，优化公共文化服务供给，拓展福利型文化供给，协调政府与市场创新公共文化空间机制。④ 傅才武团队以湖北乡镇点播影院的试点为观察对象，分析了乡村公共文化服务由于乡村市场培育不足、政府供给低效

---

① 傅才武：《"双失灵"背景下建设新型文化共享空间的理论与实践——以湖北乡镇"点播影院"试点为中心的考察》，《福建论坛（人文社会科学版）》2018 年第 8 期。

② 傅才武、王文德：《农村文化惠民工程的"弱参与"及其改革策略——来自全国 21 省 282 个行政村的调查》，《中国图书馆学报》2020 年第 5 期。

③ 李少惠、赵军义：《农村居民公共文化服务弱参与的行动逻辑——基于经典扎根理论的探索性研究》，《图书与情报》2019 年第 4 期。

④ 陈波：《公共文化空间弱化：乡村文化振兴的"软肋"》，《人民论坛》2018 年第 21 期。

而面临市场和政府双失灵的困境，指出基层文化服务需要探索混合运营模式，探索建设"文化站 ＋ 点播影院 ＋ N（N种商业模式）"的新型乡镇文化共享空间。① 李少惠团队围绕公共文化空间建设提炼出乡村文化振兴的四种样态："以文化站设施为核心的公共文化服务设施提档升级，形成别具特色的公共文化场景；第三方参与乡村公共文化建设；文娱活动、讲座、培训等作为内核，成为公共文化服务内容；文化旅游融合发展。"② 基于场域理论视角，指出要注重发挥社会资本、经济资本、文化资本对乡村公共文化服务的促进作用，要积极培育文化人才，注重村民"惯习"，改进乡村公共文化服务内容。贺芒等从政治机会结构理论出发，对巴中市某村进行田野考察，发现乡村公共文化空间的生产中，村民和基层行政主体会利用制度机会和文化机会的不同逻辑达成互惠和合作。③

三是关于乡村公共文化服务的结构转型与发展趋势的研究。罗哲从文化治理理论出发分析了当前"城市文化下乡"面临的困境，认为乡村振兴为公共文化服务的结构转型提供了良好的契机，并从价值、功能、行为三个层面提出了破解之道。在价值取向上要"突破行政逻辑导向下的'自上而下'供给文化服务的固有模式，将文化服务的内容植根于农村社会，即农民的生活情景，重视农民的公共文化诉求，从农村的文化传统、乡土记忆中提炼出文化符号，培养农村文化的内生性，用内生性去激发农村文化的自觉性"。从培育乡村文化组织、推进城乡文化融合等多方面入手推动优秀传统文化传承创新。在功能定位上，通过加强公共文化基础设施建设，强化社会主义核心价值观引领，在公共文化服务内

① 傅才武、王文德：《农村文化惠民工程的"弱参与"及其改革策略——来自全国21省282个行政村的调查》，《中国图书馆学报》2020年第5期。
② 李少惠、张玉强：《乡村公共文化振兴的基本样态与实践路径》，《图书馆论坛》2021年第3期。
③ 贺芒、简娟凤：《主体互惠：平衡乡村公共文化空间生产的标准化与差异化——基于政治机会结构理论的分析》，《北京行政学院学报》2021年第5期。

容上开放融合，通过公共文化服务重构社会认同来促进文化自信。在行为层面，要打造多元主体共建共享的平台，"优化各个主体间的互动模式以及资源配置方式"，通过合作共建实现文化自强。① 许丹从"价值—结构—功能—过程—结果"等维度思考农村公共文化服务高质量发展，认为在价值导向上遵循"民生引领、品质共享"，在主体结构上实现"多主体合作、动态化调适"，在功能效果上追求"精准供给、供需耦合"，在驱动过程上实现"技术引领、规则协同"，在目标结果上锁定"服务高品质、治理高效能"。从农村公共文化服务高质量发展的目标出发，突破现有发展瓶颈，"须以理念行动建立全过程质量治理理念、以复合治理行动实现全主体联动融通、以智治行动实现高品质服务全流程追踪、以政策创新行动实现制度结构全周期改进，通过集成化改革推进全要素提标增效和全过程质量提升，进而充分发挥农村公共文化服务的整体性治理效能"②。

3. 关于乡村文化产业与文旅融合发展的研究

在乡村振兴的大背景下，乡村文化的价值凝聚、社会整合和产业发展功能都得到了全方位的认识，将乡村文化资源转化为文化资本也成为共识，在众多的研究中，乡村文化旅游和产业发展成为研究的重点。一是充分肯定了乡村旅游与乡村文化发展之间的互动关系。如孙九霞认为旅游凝视带来了客源地和目的地的循环，这种循环可以促使文化主体不断利用地方经验更新本土文化，同时也不断吸收借鉴外来文化，在互动交融中不断增强现代化的适应性，让文化自信具有了内生机制，有利于乡村文化的复兴。③ 贾未寰等认为乡村旅游有助于乡村振兴和村民的生

---

① 罗哲、唐迨丹：《农村公共文化服务的结构转型：从"城市文化下乡"到"乡村文化振兴"》，《四川师范大学学报（社会科学版）》2019 年第 5 期。
② 许丹：《中国农村公共文化服务高质量发展——基本内涵、问题清单与行动框架》，《社会科学研究》2021 年第 5 期。
③ 孙九霞：《旅游循环凝视与乡村文化修复》，《旅游学刊》2019 年第 6 期。

活富裕，把乡村旅游划分为"文化依托型、景区依托型、生态依托型和产业依托型"四类，并从创新旅游开发模式、拓宽营销渠道、加强人才培养、强化科学规划、完善管理机制、增强政策供给、保障资金需求、建立行业协会等多方面提出了对策建议。① 二是从公共文化发展、文化主体性培育方面来思考乡村旅游的可持续性。蒋昕等认为乡村文旅单纯依靠市场驱动难以解决乡村文化传承困境以及乡村旅游的可持续发展问题。对宁波"一人一艺"乡村计划的跟踪研究发现，通过艺术普及的公共文化服务"激活了乡村文化的内在价值"，将既有公共文化空间改造为公共艺术培训和旅游服务，使之成为"主客共享的文化空间"，通过公共文化服务"激发了文化消费的活力"，融通了公共文化服务与文化产业发展，带动了乡村文旅融合发展，"为乡村从内部推动文化建设、产业振兴提供了良好的战略设计和行动框架"②。李兴军通过分析发现，云南江头曼咪村旅游发展出现停滞现象，恰好是因为在文化景观和非物质文化遗产的开发方面忽略了文化的主体性，需要在文化资源开发上达成文化主体的认同，在非物质文化遗产的开发方面重视文化主体的生活性和自觉性。③ 周星认为乡村旅游可能带来乡村文化的资源化、客体化，这当中可能出现民俗的复归、再造等，但在这种灵活变通的民俗主义路径中，如何在作为东道主的村民、游客以及两者的中介间达成一种较好的平衡，也就是一种健康可持续发展的旅游。④ 三是关于艺术介入乡村的路径研究。张芳瑜认为"从属于'自觉的文化'范畴内的艺术，在其内隐动能

① 贾未寰、符刚：《乡村旅游助推新时代乡村振兴：机理、模式及对策》，《农村经济》2020 年第 3 期。

② 蒋昕、傅才武：《公共文化服务促进乡村文旅融合内生发展的动力机制研究——以宁波"一人一艺"乡村计划为例》，《江汉论坛》2020 年第 2 期。

③ 李兴军：《文化主体性与创新乡村旅游发展基本理念——基于云南江头曼咪村旅游发展"停滞"现象的调查》，《北方民族大学学报》2020 年第 3 期。

④ 周星：《乡村旅游与民俗主义》，《旅游学刊》2019 年第 6 期。

与外显动能的双重驱动下，凝集为以情感为内核的审美力量，召唤文化主体创造性地开拓乡村文化再生产的新空间。通过触发、构思与传达三个介入环节催发文化创新，整合文化观念，使文化主体向自由自觉的层面逐步跃进"①。江凌认为当前艺术介入乡村现代化建设的实践中存在着一系列的问题，比如多主体之间的利益之争；村民不具有话语权；在艺术介入乡村的前期村民往往缺少主动性，在建成改造后的后期则又缺乏能动性；目前艺术审美同质化较为严重，导致结合地方文化特色进行创生的后劲不足，村民艺术修养不够，艺术介入乡村的产品与服务的人气不足，产业化服务不够，经济变现能力不理想。需要确立乡村乡土本位的意识，挖掘在地性文化。从乡村内部激发活力，艺术介入乡村需要赋权村民，推动村民自治，优化治理结构，实现多主体协同共建，培养与引进乡村艺术人才，提升村民的艺术素养，"构建地方艺术场景"，"艺术融合乡村文旅产业，提升艺术创新活力"②。

4. 关于乡村文化与治理互动的研究

文化研究向着治理转向既是理论研究的一种趋势，在现实中也有着很多丰富的实践，相关研究主要集中在以下三个方面。

一是对"文化治理"的相关研究。刘莉对"文化治理"理论渊源、中文语境中的应用和未来走向进行了清晰的梳理，发现学者主要是从作为单一治理对象的文化和体现了治理性的文化与政治、经济、社会互动两个维度来应用"文化治理"这一概念，从文化治理中的文化是什么、如何发挥功能、效果如何三个维度，指出"文化治理是以被建构的文化为场域，通过将文化表征为制度、程序、机制等技术因素并与权力技术

---

① 张芳瑜：《艺术介入乡村文化再生产：基于乡村文化建设的策略研究》，《四川戏剧》2021 年第 2 期。

② 江凌：《艺术介入乡村建设、促进地方创生的理论进路与实践省思》，《湖南师范大学社会科学学报》2021 年第 5 期。

系统相结合，文化以一种独特的方式参与治理，实现一种动态、开放的治理目标"①。谢延龙则认为"文化治理"兼具了内容和工具的双重属性，从政策走向来看，作为治理对象的文化治理更早出现，体现了国家、市场、社会三种力量交错参与的过程，认为应强化乡村文化治理研究的"问题—政策"取向，圈定问题域，避免"文化即治理"的泛化解读。② 孙刚等认为乡村文化治理现代化的价值意蕴包含了"文化权利保障、文化制度建设的系统化和规则化，治理主体结构的多元化和以效率为导向的数字技术运用"，并提出了相应的政策路向，如农民主体意识的唤醒，文化组织的培育，通过项目制壮大乡村文化产业，通过数字技术提高文化治理效能等。③ 胡惠林则在城乡文明互鉴融合的大背景下来思考构建乡村文化治理新发展格局，认为"通过全面改造与重塑乡村文化的微循环系统，推进乡村振兴战略中乡村政治治理、经济治理、社会治理、文化治理和生态治理等全面治理体系和治理能力的现代化，实现从乡村建设的传统文明向现代文明的根本性转变"④。沙垚针对文化治理的工具化和对象化，提出从内生视角来看待文化治理，以媒介化治理在文化价值和实践操作间形成更好连接。⑤ 李永萍认为当前文化治理有行政化、产业化、媒介化三种路径，但对治理实践有所忽略，她通过对福建省 S 村的田野考察研究，发现政府动员、多元主体协同等疏堵结合的柔性治理达成了移风易俗与农民生活的契合，对文化与治理的嵌合给出了精微的深

---

① 刘莉：《治理文化抑或文化治理？——文化治理研究的回顾与展望》，《浙江社会科学》2016 年第 9 期。

② 谢延龙：《"乡村文化"治理与乡村"文化治理"：当代演进与展望》，《学习与实践》2021 年第 4 期。

③ 孙刚、罗昊：《乡村振兴背景下文化治理现代化的价值意蕴与政策路径》，《江汉论坛》2021 年第 7 期。

④ 胡惠林：《城乡文明融合互鉴：构建中国乡村文化治理新发展格局》，《治理研究》2021 年第 5 期。

⑤ 沙垚：《乡村文化治理的媒介化转向》，《南京社会科学》2019 年第 9 期。

描。她指出，乡村文化不仅是村庄社会结构的表达和反映，还具有整合与规训村庄社会结构，进而安顿农民意义世界的能力。村庄的公共性意味着村民可以达成富有约束力的共识，实现村庄公共利益，维护村庄公共规则，进而达到一种自组织的状态。①

二是关于新乡贤以及社会组织参与文化治理的研究。治理主体的多元化是文化治理中较为重要的视角。谭志满等充分肯定了民族地区新乡贤参与传统文化传承创新的功能，但也指出当前新乡贤参与乡村文化建设还存在动力缺乏、制度缺失、环境欠佳等方面问题，并提出了相应的对策。② 李少惠团队的研究指出"乡贤参与乡村文化治理是基于'文化自觉'的社会实践，其'上传下达'的中介效应调和了政府—村民、市场—村民间的僵化关系，需要在人才培育过程中遵循内生与嵌入的双重逻辑，通过乡贤理事会、'内置金融'分别为其提供组织和经济基础，从而实现政府、市场、乡贤理事会、普通村民等多元主体协同共治，推动乡村文化治理现代化"③。徐顽强等肯定了社会组织参与乡村文化建设的价值，指出当前社会组织还存在定位模糊、专业能力不足、参与力度不强等方面的问题，认为应当明确社会组织参与乡村文化振兴的角色，提高其内部管理和专业能力，加大对社会组织的激励力度。④ 张和清通过对湖南少数民族 D 村社会工作项目运行的观察和分析，指出社会工作者以"局内人"的视角来帮助社区清理文化资产，激发社区居民文化自信心，从而凭借社区内生动力推动社区主体性发展，拓展了城乡互助的社

---

① 李永萍：《村庄公共性再造：乡村文化治理的实践逻辑——基于福建省晋江市 S 村移风易俗的实证分析》，《中国农业大学学报（社会科学版）》2021 年第 3 期。

② 谭志满、杨文：《民族地区新乡贤参与传统文化传承创新的路径》，《中南民族大学学报（人文社会科学版）》2021 年第 2 期。

③ 李少惠、赵军义：《乡村文化治理：乡贤参与的作用机理及路径选择》，《图书馆建设》2020 年第 4 期。

④ 徐顽强、于周旭、徐新盛：《社会组织参与乡村文化振兴：价值、困境及对策》，《行政管理改革》2019 年第 1 期。

会资源网络，有效推进了社区减贫。"在社区文化资产建设的过程中，社会工作者以'局内人'的视角理解社区文化脉络及其发展困境，从而打破发展主义'客体化'的运作逻辑，赋权社区民众，实现社区的主体性发展，并拓展城乡互助的社会资源网络，有效推进社区减贫。"①

三是从治理视角出发对文化主体性的研究。乡村文化建设中农民主体性不足已成为学界普遍认同的问题，在探索主体性构建中治理视角也成为较为重要的一个方面。杜鹏认为市场改变了乡村文化的再生产机制，使乡村文化的实用性、公共性和伦理性相互分离，这正是乡村文化主体性危机的根源。只有充分发挥基层组织的功能，更好地对农民的文化实践进行调控和引导，使乡村文化植根于乡村鲜活的日常生活，才能更好构建乡村的文化主体性。② 沙垚等强调乡村文化主体性的建构应当以农民为实践主体，而不是单纯的职业化的文化实践，从而连接起历史与当代、时间与空间。③ 关于乡村文化的主体性，麻国庆认为乡村记忆、文化景观、社会结构、非遗传承通过空间整合于同一场域并形成"见人见物见生活"的文化生态系统，主张探索乡村文化主体在时间的进程中，不断与地方生态相适应并自我调适、自我更新与发展的规律。④ 黄永林等认为增强农民主体意识，应当充分发挥农民自办文化的优良传统，培养农民文化的自组织。⑤ 陈学兵认为："重构与乡村振兴战略总要求和目标相适宜、相匹配的农民主体性，要重振乡村经济活力以富裕农民，让农民主体性重构有物质经济基础；要重构乡村合作动力以组织农民，让

① 张和清：《社区文化资产建设与乡村减贫行动研究——以湖南少数民族 D 村社会工作项目为例》，《思想战线》2021 年第 2 期。
② 杜鹏：《转型期乡村文化治理的行动逻辑》，《求实》2021 年第 2 期。
③ 沙垚、王昊：《"主体—时间—空间—实践"：新时代乡村文化振兴的原则与方向》，《浙江师范大学学报（社会科学版）》2019 年第 5 期。
④ 麻国庆：《乡村振兴中文化主体性的多重面向》，《求索》2019 年第 2 期。
⑤ 黄永林、吴祖云：《乡村文化建设中农民主体意识建构与作用发挥》，《理论月刊》2021 年第 3 期。

农民主体性重构有社会组织基础；要重塑乡村文化魅力以凝聚农民，让农民主体性重构有精神价值基础。"① 徐琴认为农民自组织是构建农民主体性的有效方式。自组织可以为农民参与治理提供媒介和平台，从而克服原子化的状态，同时在乡村振兴过程中自组织也有利于承接来自外界的多种资源，强化农民的表达权和话语权，提升农民的风险承受能力和市场谈判能力。当前与农民主体性的多重维度契合的自组织有经济、生态、文化、治理等四种类型，以自组织方式来培育农民主体性要根据各区域的发展情况因地制宜地推进。②

　　总体而言，在乡村振兴的大背景下，乡村文化研究的热度不断增加，研究内容也在不断深入，呈现出以下几个方面的特点和走向：一是研究内容和研究视角呈现出复合化的态势。由于文化内涵和外延的丰富性，加之文化在实践中也具有弥散性和渗透性特点，文化的综合性使之难以归属于某个独立学科，体现在研究上呈现出视角多元、内容复合的特点。对乡村文化的研究大致有哲学、社会学、人类学、公共管理、马克思主义理论甚至经济学等学科视野，内容上涉及传统文化保护、公共文化服务、文化产业发展、文化治理等，这些内容彼此之间也并非泾渭分明而是多有交叉和融合。二是回归日常生活实践，强调尊重乡村本位的价值立场。由于对文化的研究长期以来更偏重哲学的视角，更强调文化在精神价值观方面的内涵，因而对乡村文化的研究也多偏于宏观和抽象，要么有较强的精英色彩，要么更偏重政府视角的宣教路径。近年来，社会学、人类学等学科的加入，使文化研究从精英式的俯瞰回归到乡村的日常生活实践，从生活方式这个层面去理解乡村文化，强调乡村文化的在

　　① 陈学兵：《乡村振兴背景下农民主体性的重构》，《湖北民族大学学报（哲学社会科学版）》2020 年第 1 期。
　　② 徐琴：《乡村振兴背景下农民主体性建设的自组织路径研究》，《内蒙古社会科学》2021 年第 1 期。

地性，强调其内生的逻辑，体现了一种尊重乡村主体性的乡村本位立场。三是乡村文化研究的治理化转向和空间化转向。中国千年农耕文化无法脱离乡村社会的土壤去理解。文化的渗透性、弥散性特质也使乡村的文化实践与乡村社会之间有着很深刻的关联。这种转向也是在传统研究面临瓶颈的情况下转向乡村内部去理解文化，也更贴近今天乡村文化的实践。乡村振兴背景下的乡村是开放而不是封闭，是多种力量和资源的进入，是内和外之间的平衡和合作。在传统理论的解释力难以穿透现实时，空间社会学和治理理论似乎更能包容这种复合性，因而成为学界关注的热点。

尽管新时代乡村文化研究整体上有了不少拓展，也给本书较大的启发，但也存在以下不足：宏观分析多，微观分析少；理论阐释多，田野调查和个案分析少；哲学视角出发分析多，多学科融合视野少；尽管研究向治理化和空间化转向，但多元力量多种机制如何在乡村场域中合作，如何实现均衡，还缺乏更深入细致的研究；个案研究和田野调查往往更能深入乡村内部，但也有只见树木、不见森林的缺陷，而偏于哲学视野的研究则又易流于空疏和抽象。基于此，本书在研究中也努力将个案研究、田野调查与理论分析有机结合。

三、研究思路与研究方法

（一）研究思路

本书以乡村文化为研究对象，借鉴赵旭东对乡村文化的界定，本书所研究的乡村文化是指农民在乡村社会中所创造的价值理念、道德观念和生活方式的总和。乡村文化与乡村社会是一种互嵌式的结构，文化为乡村社会的整合提供共有的价值观，乡村社会则为文化的互动和传播提供社会基础。当前在乡村振兴的大背景下，大量的资源开始向乡村转移，政府、市场、社会多元力量在乡村交汇，外生力量如何与内生力量协同，如何在尊重和培育乡村文化主体性基础上，增强乡村现代化的适应性，尤为值得关注。由于乡村文化内涵的丰富性，乡村文化建设中涉及多元主体，不同的行动逻辑也带来了丰富的乡村文化实践，如何在理论指导下理解和看待这些实践，又如何在实践中理解乡村文化变迁的内在逻辑，正是本书的关注点之所在。

基于此，本着理论梳理—广泛调研—选择案例—案例剖析（缘起、做法、启示）—理论总结的逻辑，本书从当前的乡村文化研究和实践出发，理清近五年乡村文化研究的发展走向，深刻理解当前学术界对乡村文化建设最大的理论关切，即当前乡村文化建设存在农民文化主体性不足、乡村文化建设不见生活形态和生活主体、与农民日常生活实践相疏离的问题，把握乡村文化建设中治理化和空间化的走向和趋势。在理论梳理的基础上开展广泛的调研、选择样点进行深入的蹲点调查。在理论与实践结合的基础上，探讨乡村文化建设的原则、趋势和走向，寻求乡村文化建设的一般性规律。在案例选择上主要从乡村文化主体培养、多元参与、城乡融合，非物质文化遗产传承和乡村文化产业发展的多维视角考虑。

本书一共有八个部分。除导论和结语外，一共有六章。导论对研究背景和意义、研究现状以及研究思路和方法进行综述。

第一章对新时代乡村文化建设进行理论梳理，深刻理解乡村文化建设的功能定位和任务体系，深刻把握乡村文化建设的三重逻辑，即全面尊重乡村文化的主体性、遵循治理现代化的逻辑、遵从民族复兴的价值逻辑。

第二章从主体培育的视角出发研究丹棱县农民众筹文化大院的实践经验。丹棱县农民众筹文化大院是文化和旅游部第三批公共文化示范项目，在乡镇文化站等公共文化服务空间和相应的文化服务项目不能有效满足农民文化需求的情况下，丹棱县农民通过众筹文化大院形式自我组织、自我服务，政府因势利导建规则、搭平台，形成了政府与乡村社会的有效互动，充分激发了农民的文化主体性。正是农民文化大院的有效运作和乡村民间文化精英的积极参与，有效衔接了主流文化话语与乡村民间话语。

第三章从多元参与的视角出发研究珙县新型民间文化组织的实践经验。这个经济发达水平并不高的县城却有着很好的群众文化基础，也有着一定规模的县域文化市场。珙县以农民文化理事会的机制创新为抓手，把个体文娱爱好者、企业、社团、文艺自组织、乡镇文化活动站都纳入农民文化理事会这个机制中，让群众自组织、自服务，实现共建共治共享。政府通过购买服务、搭建平台、培训提升等多种方式为多元主体参与基层文化建设提供保障和服务，真正做到政府主导、社会主办、农民主体。

第四章从城乡互动的视角分析蒲江县重塑乡村文化自信的实践经验。该县属于成都的远郊区县，农业经济发展基础较好，在成都市推进城乡融合的进程中提升了公共服务水平，同时既能分享成都作为省会城市的辐射功能，又能便捷地服务于城市的需求，具有较好的发展条件。蒲江县明月村通过文创＋产业＋社区营造＋乡村旅游的模式，将原来的张家土窑打造为明月窑，大手笔进行乡村建设规划，并引入新村民和新业态，开展社区营造，成为近郊乡村旅游发展的典范。同时明月村又带动了周边的箭塔村、藕塘村，唤醒了村民的文化自觉和发展意识，开始重新审视乡村资源，挖掘乡村文化特色，走上了各具特色的乡村文化发展之路。

第五章从非遗传承的视角分析旺苍端公戏的缘起与发展。旺苍端公戏是在米仓山南麓大山深处诞生的非物质文化遗产形态，入选国家级非物质文化遗产名录。它如同活化石一般，包含了民间信仰、民俗民情、民间文艺等多种形式，蕴含着丰富的地方性知识和劝人行善的传统价值观。在乡村的现代化变迁中，它如何传承下来，又如何在乡村振兴中发挥其应有的价值值得观察和思考。

第六章从乡村文化产业发展的视角分析崇州道明竹艺村的文旅融合实践。道明镇将国家级非物质文化遗产道明竹编与乡村旅游相结合，以竹艺村这一典型的川西林盘作为非物质文化遗产集中展示的空间，发展文化创意产业，不断丰富乡村文化的内涵，开创了一条将乡村文化资源转化为文化资本的路径。

结语部分在案例研究的基础上对案例蕴含的理论价值进行进一步的提炼表达，并就乡村文化建设的发展走向进行了理论总结，强调在推动国家治理体系和治理能力现代化的背景下，乡村文化应在本体性、发展性、功能性等维度上具备"治理取自"的自觉。

（二）研究方法

1. 文献研究法

本书的研究建立在对乡村历史变迁的清晰认知基础上，主要对乡村变迁、乡村公共文化服务、文化产业发展以及乡村优秀传统文化传承、乡村振兴及乡村文化发展的相关政策法规等进行文献梳理，了解乡村文化发展的历史脉络，从而更好把握乡村变迁对乡村文化发展的影响，把握乡村文化发展变迁的趋势。

2. 案例研究法

本书第二章至第六章主要是选择了乡村文化建设中取得一定成就、具有一定特色和影响力的村落或文化建设项目作为研究对象，基本上涵盖了乡村文化建设的基本内容。在理论的指导下通过田野调查、驻村观察，更深入地了解乡村文化建设实践的缘起和做法，总结出可供推广的经验，探索乡村文化建设的规律。

Contents | 目 录

| 第一章　新时代乡村文化建设的理论逻辑

　　乡村与城市的相对性，决定了城镇化进程中乡村文化在"建设"意义上的动态性。这种动态性，一方面来源于城乡关系中城市对乡村影响的复杂性，另一方面来源于乡村在城市影响下变化的渐进性。改革开放以来，城乡关系可大致概括为乡村支援城市、城市反哺乡村、城乡关系深刻调整的乡村振兴这三个阶段。如果第一个阶段的乡村文化建设主题是在"拨乱反正"中重构乡村文化与中国特色社会主义的关系，那第二个阶段就主要是社会主义新农村建设主题下的乡村文化价值和内涵重构，第三个阶段则应该是以新时代为战略铺排下乡村文化在整体意义上的再出发。

　　立足新时代之"新"，这个"再出发"至少有以下三重内涵：首先，新时代之"新"，内含着城乡关系的"新"。传统中国，乡村是文化层面上的"根"，城市事实上并无独立于乡村的文化特质，所以乡村整体上优于城市；近代以来，城乡关系变迁导致城乡文化关系逐渐逆转，乡村整体上处于城市的下风；乡村振兴成为国家战略的当前，城乡并举、城乡互动、城乡互补也都意味着城乡关系在"平等"意义上的结构性调整。直言之，新时代乡村文化建设之"新"，意味着宏观地位的新。其次，新时代之"新"，内含着乡村文化作为广义社会之构成要素在大系统中位置的"新"。新时代，是全面推进国家治理体系和治理能力现代化的时代，乡村和乡村文化必须自觉服从于和服务于这一时代大战略。而服从和服务的整体，也就决定了乡村文化在本体性、发展性、功能性等维度的"治理取向"。如果说，此前的乡村文化和乡村文化建设未必强调自身在社会大系统中的"治理"性，那新时代之"新"也就意味着审视自身必须具备"治理"自觉——既是文化培育、文化发展的自觉，也是作为治理资源、治理主体及治理客体的自觉。最后，新时代之"新"，内含着乡村文化在价值取向上的"新"。习近平总书记强调"民族要复兴，乡村必振兴"，深刻揭示了乡村振兴在国家大战略中的重要性。作为乡村振兴之基础性构成的乡村文化振兴，也因此被赋予了前所未有的战略任务。这也意味着，以担负好、完成好中华民族伟大复兴之重任为价值归属，乃新时代乡村文化建设之"新"的必然之义。如果说任务意味着干什么，那以上三重"新"意涵，也就内在决定了新时代乡村文化建设应遵循的三重理论逻辑：乡村主体性逻辑、治理现代化逻辑、民族复兴的价值逻辑。

一、文化建设理路下的乡村文化建设

文化的建设逻辑与乡村的生产生活逻辑，共同决定了乡村文化建设的内涵、范围与规律。在此制约的双重性下，乡村文化建设既要遵循文化在何种意义上是可"建设"的、可"建设"的文化应恪守什么样的"建设"原则等关涉文化建设一般性的原理，也要遵循其植根于乡村、生发于乡村、为乡村生产生活之可持续提供意义、提供解释、提供生生不息的内在动力的"乡村性"。

（一）能与不能：文化建设的内涵与可能的理路

无论是在人类学的不同流派或发展阶段，还是伯明翰学派、法兰克福学派和西方马克思主义不同阶段或不同代表人物，对文化的理解和界定也都有差异。审视这些理解或界定的同与异，也就不难发现，所有的"同"都可归结为文化与人的关系，也即文化必须被置于人和人所构成的社会才有意义；所有的"异"也都源于文化与人始终存在两重性纠葛的复杂关系，也即对关系的维度和节点的"观照"差异导致了理解和界定上的差异。① 一方面，一切文化都由人所创造。人类可以凭借其创造能力，将在客观世界感受到的主观体验、想象和意志凝集或固化于所创制的客观事象之中，从而创造出某种文化样态。就此而言，人类可以按照自己的意志创造、发展和改变文化。另一方面，所有人都是被特定文化所创造的。人都是诞生、成长和生活于给定的文化所填充的社会空间中，所有的人都必然地在文化给定的环境中被形塑。所以，无论是个人还是由个人构成的群体的一切表征，皆为文化所赋予、所决定。就此而言，文化是先赋予人的存在，至少在生产生活的环境意义上人并不具有选择的可能。因此，人并不能任意地左右或改换自我寄身于其中的文化。

作为人的社会实践活动，"建设"必然意味着作为主体的人积极致力于实现某一目标的社会行为。这也就意味着，文化建设实践活动必然有明确的倡建主体，并确立某一种文化为核心，进而在可影响范围内有意识地、积极地对客观存在的社会文化现象进行干预和扰动，力图使该文化扩散或覆盖于全社会。就此而言，"文化建设"与"文化创造"可谓既相区别也相联系。区别性地看，文化创造活动可理解为人类社会之一切创新性活动，无论是有意识的或无意识的，还是物质的或精神的，一切文化创新行为的结果皆体现为人类的文化创造。人类文化因人的创造性活动而积累，并得以升华。而文化建设，则主要指人类有意识地去影响

---

① 路德维希·维特根斯坦：《文化和价值》，黄正东、唐少杰译，清华大学出版社 1998 年版，第 72 页。

或左右社会的文化形态，是有强烈的主观性指导下的积极的干预行为。因此，文化建设实际上是以文化为对象的，并以建立起特定的社会文化形态为指向的一种社会运动。联系地看，文化建设既不排斥以文化创造活动的形式推进或展开，也必然会影响甚至鼓励文化创造活动主动向自己倡导的取向靠拢，进而影响文化创造活动的取向甚至方向。

从历史的维度看，自人类进入文明以来，文化建设便成为一个不可或缺的群体性社会行为方式。任何一个群体（集团、阶级），总希望能将自己的思想文化主张覆盖于社会的各方面，从而消减或弱化社会文化中不利于自己的方面。① 所以文化建设总是体现了人类社会群体性活动的必然，尤其是政治视野下思想发展的必然。同时，从人与文化的关系来看，所有的人都只能生存于某种给定的文化状态。不过，自近代以来，全球化在广度和深度上的全面发展，使人类已处于多元的文化环境中，进而带来人们接触并理解多种文化和多种价值系统并存的现实，个人或群体都可以对自身所处社会的既有文化进行反思与判断。有其他文化和其他价值系统作为参照背景，人们可以认为，自己生产生活环境给定的文化并不一定是"理所当然"地被无条件接受的。循此而来的，就是人们主动改造和调整自己的文化，即更为主动地"建设"自己的文化，使之更好地应对其他文化的冲击。总之，纵观人类社会的发展史，文化建设一直是在不断的实践之中，因此文化建设是客观存在的、贯穿文化发展进程始终的。

人类的社会文化活动极为纷繁复杂，在不同的主客体条件下发生的文化建设活动，往往是性质有别、形态各异的。所以文化建设也似可有广义和狭义之别：广义的文化建设，可指任何的一个群体为实践其文化主张所发起和推动的社会文化活动，不论其活动的规模、性质和社会效

---

① 特瑞·伊格尔顿：《文化的观念》，方杰译，南京大学出版社 2003 年版，第 46 页。

果如何；狭义的文化建设，则意指某群体的行为指向于全社会的文化形态的改变和重塑，最终目标是重新建立起主导社会的特定文化形态。故狭义的文化建设不仅强调群体的文化干预行为，也强调在共同体社会文化形态建构方面所发挥的重要功能和社会作用。

需要强调的是，作为一种新文化形态的倡建，文化建设很容易与社会既有的文化形态形成冲突性关系，特别是对传统文化的冲击。建设者主导的文化形式在突破既有文化格局之同时，也将逐步地对传统的文化形态形成某种压制，所谓不破不立，新文化"立"的同时必然伴随着旧传统的"破"。但传统的底蕴是深厚的历史积淀及其社会运行惯性，如果完全抛弃传统进行全新的文化建设，很可能导致一种无根性的文化，所建构的文化形态也将是漂浮在社会表面的"文化浮萍"。一旦时过境迁，作为建设成就的"形态"完全可能再次扭转，文化的钟摆又可能沿着某种轨迹回归。

作为社会文化运动，文化建设主体倡建的文化总会在某种形式上与当下社会的底层逻辑发生关系。就倡建者而言，建设行为所指向的是特定文化的社会扩张，意图是力争获取社会文化主导者地位。在争取主导这一意图的实现过程中，文化意识的社会权力寻觅和社会权力的文化意识利用，是很容易发生的。当权力与文化走向一致时，特定文化建设完全有可能由强势群体动用权力资源予以推行。而获得权力制度支持的文化在占尽优势的情况下，是否还需要为其他文化让渡出生存空间？特别是所建构的社会文化形态基本确立之后，又该怎样考虑多样性文化在社会的合理生存？对这些问题的回答和践行，也就在事实上构成了文化建设的行为边界。

就狭义的、严格意义上的文化建设概念来说，文化建设的核心应在人类精神文化领域。但人类社会不同领域的复杂关联和互动，使文化建设，难以仅保持在精神文化领域内展开。文化建设比较容易因社会其他领域的介入而逐步异质化，如政治力量、经济力量及社会权力等强势力量的制衡和挤压，都可能导致文化建设变味。文化可能会成为政治、经济或其他领域的附庸，而建设则不过是在为其鸣锣开道、摇旗呐喊。从既有的历史教训来看，如果文化建设最终不过是促进了领土扩张、经济繁荣、物质充足、社会稳定，却未能促进人类精神领域的丰富和发展，甚至以损害或牺牲人类精神为代价，那这样的文化建设还是有些问题的。

文化始终是人的文化，而人始终是社会的人，[①] 所以文化和社会的关系也总是体现为共同体社会的文化，最终是由全体人所共遵共享的。从文化建设的社会成效看，大凡有影响的建设行为，都将会指向社会主导的文化方面，力争成为社会文化之主流，而不是局限在特定群体的文化实践范围。为了得到全社会多数人的响应，文化建设必须向社会的各个领域、人们生活的方方面面推进。一般来说，建设者从一种观念思想或主张的坚持开始，逐步与制度文化相衔接，随之也将介入社会道德与行为规范领域，浸润并影响人的文化践行，并将不断地反映到精神文化产品的生产与消费之中。随着文化建设活动的推进，文化建设的内涵已不限定为某思想或主张，而是建立起一种社会文化体系，形成全社会的文化覆盖。这就是文化建设活动所追求的社会文化形态建构。就此意义上说，文化建设将会是一个庞大而系统化的社会工程。

将文化建设视为一项系统的社会工程，转化为实践也就是一场以全社会普遍接受为目的的系统化的社会运动。因此，其所要建构的社会文化形态，也不仅仅是某种文化主张的提出和坚持，倡建者的主张需要在不同层次上进行文化扩展，要逐步走向系统化。

从文化与社会的关系上看，文化建设的社会体系性建构至少涉及以

---

① 恩斯特·卡西尔：《人论》，甘阳译，西苑出版社 2003 年版，第 3 页。

下五个方面：一是在与社会主流观念与价值体系的关系上，建设者重点主张的观念文化必须融入社会主流文化系统之中，并逐步居于全社会的价值中心。二是在与政治制度的关系上，必须与主导性政治制度同频共振。每个时代都有一个主导性的政治制度形式，并在该政治制度形式下产生特定的政权与执政者。文化建设致力于主导社会的文化形态建构，所以政治权力方面的支持非常重要。不过，理解文化建设与政治和权力的关系时不能太狭隘。因为成功的文化建设，必须立足文化本身规律及其长远发展，所以重点是建立起社会文化与一个时代的基本的政治制度形态之间的关系形式。三是必须将倡建文化的意义在社会的结构关系中体现出来。除了所倡建的文化内涵理念通达、充满理性魅力之外，还必须考虑其社会效用和社会践行。社会意味着共同体之中人与人、群体与群体之间建立起的诸种相对稳定的关系，如上下关系、等级关系、经济交换关系、分工合作关系、群体组织关系等体现人的归属与认同关系形式。所建设的文化应将其意义结合到社会关系形式之中，使特定文化意识与当下社会关系形式相融合。如汉代在"独尊儒术"的同时，在社会推行董仲舒提出的"三纲五常"，让儒家思想深入社会关系的重建之中。四是必须浸润于个人的文化实践行为之中。文化建设的主旨与内涵，通过最广泛的扩散，逐步深入人的内心，影响人的道德意识、行为规范和生活方式等，最终形成全社会的文化共识并获得人们的普遍遵循。五是必须从社会文化产品的生产与消费中获得支持。文化建设还需要认真考虑流动于社会表层的文化活动形式这一方面。作为凝聚为社会产品形式的文化，从高雅的文学艺术到市井大众的演艺传播、休闲娱乐以及民间节庆等，文化建设的干预如果涉及这一领域，则必须对产生的社会后效有深刻、充足的认识。因为这一领域的丰富多彩，将在某种程度上被视为一个时代文化建设的成功展现。故文化建设活动还必须贴近大众生活，诉诸大众喜闻乐见的形式，融入大众的文化活动之中。

以上五个方面，意味着文化建设的每一个环节落到实践层面都可以称为文化建设，但也可能只是文化建设的某一个侧度；一个时代的文化建设既不能只是强调某种观念思想的树立，也不能是化繁为简的社会行为实践或成果呈现。毕竟，构建一种新的社会文化形态，并不意味着文化建设主张者可以随意粗暴地将自己的观念意图强加到全社会，建设不能一意孤行而忽视社会方方面面的诉求；相反，文化建设的基础和前提是社会大众的认同，而这既是倡建者对社会发展规律与大众需求之关系把握的结果，也是倡建者主体与全社会的互渗互动并在此基础上达成共识的结果。因此，在社会系统化的过程中，所建设的文化也是在不断补充、调整与完善之中的"文化"。

（二）变与不变：乡村文化建设的理念与愿景

首先，从文化演变的一般规律来看，固守传统与革旧布新这两种力量的弈动，构成人类文化宏大的动态性社会背景。从整个人类社会的历史进程看，固守传统更容易使文化内涵得以传承、文化形态得以稳定，所以固守传统应为建构人类社会文化形态的基本力量，进而固守传统在多数时候也就成为一个共同体社会大多数人所拥戴的文化向度。革旧布新的变迁是社会的文化赋新。变迁可以是文化风尚领域之变，也可以是社会观念思想领域之变；可以是修正传统基础上的推陈出新，也可以是彻底革新全社会文化。总之，变迁为人类社会文化注入了活力，文化由此而丰富多彩。

不过，受社会存在决定社会意识所支配，固守与变迁之间的辩证法，始终受制于社会本身的变化。改革开放以来的中国社会，乡村之"社会存在"的巨大变化，导致乡村文化的巨大变迁。土地承包责任制引发的生产力和生产关系变迁，在"螺旋"回归中国乡村"家户制"的同时，很快就在"市场"的巨大引力下"抽走"了作为乡村社会之"心"的青壮年，从而带来乡村内涵的历史变迁。作为改革开放之始的土地承包责任制，再次将家庭作为乡村社会最基本的生产单元。按说，这至少在形式上给乡村提供了回归传统"家户制"的端口。在此端口下，乡村文化也有了向传统靠拢的可能。不过，随之而来的"市场"力量，却使这个"可能"很快拐进了另一个轨道——乡村成为工业化、市场化、城镇化体系的一个环节，乡村文化也因此成为该体系支配下的一个要素。传统社会，乡村之为乡村，是人们以家户制的组织形式与土地相结合而生成的生产生活形态。在此形态下，每一个家庭最主要的生活资源也都来源于土地，所以所有与土地有关的"变化"对家庭也都很可能因利益攸关而不能不被在意和关注。就此而言，传统社会的乡村文化，本质上是人与土地之关系在生产生活上的整体反映。① 自给自足的小农经济，意味着土地能给生活在此的人提供生存所需的基本满足。也正是在这个意义上，从梁漱溟、晏阳初以来的"乡建"研究者们都倾向于强调乡村文化在生产、生活、生态等方面的整体性。② 从文化与社会的关系上说，其实也就是人与土地的关系具有整体性，导致以人与土地之关系为根本基础的乡村文化也就具有了整体性。然而，随着工业化、城镇化、市场化的快速发展，人与土地的关系整体性开始松动并逐渐趋于解体。工业化、城镇化和市场化使生活在乡村的人们可以不依靠土地而获得生存所必需的物品，人对土地的依赖不再具有生产生活的整体性，进而以人-地关系为基础的乡村文化之于生活在乡村的人也就不再有整体性。换句话说，就是当土地在人们生产生活中的重要性下降之后，乡村文化本身的内涵、功能也就必然发生相应的变迁。这也就是说，改革开放之后，尤其是市场经济体制改革以来的乡村不再是传统社会下的乡村，因而此乡村文化

---

① 梁漱溟：《乡村建设理论》，上海人民出版社2006年版，第14页。

② 梁漱溟乡村建设理论研究会：《乡村：中国文化之本》，山东大学出版社1989年版，第27页。

也不再是彼乡村文化。

其次，如果我们将乡村文化视为生活在乡村的人们与作为乡村生存之本的土地之关系的意义体系，那人与土地的关系变迁也就必然带来乡村文化的变迁，而且很可能是本质性的变迁。一方面，当土地对人的意义不再具有生产生活的整体性，也就意味着乡村作为居住其间的人的生产生活之"意义空间"不再具有整体性。整体性一旦被"破坏"，此前"意义空间"的构成部分也就难免因系统性割裂而丧失相应的"本义"。如当粮食产量成为农户的主要追求，就不可避免地带来种子系统的改变；种子系统改变，此前的种子与土地之间经岁月积淀而形成的"生态"关系也随之改变，进而种子的"文化意义"也就丧失或被改变。更为关键的是，一旦人-地关系下的乡村生产主要服务于市场而不是自己的家庭生活，则土地对人的意义也就越来越"市场化"而不是此前的"生活化"。也就是说，当人-地关系主要遵循的是市场逻辑而不是生活逻辑，那乡村就不再是传统的乡村，乡村文化也自然不再是传统的乡村文化。另一方面，人与土地的关系变迁必然带来人与人关系的变迁。当人不再主要依靠土地来获得生产生活资源的时候，人也就从土地中获得了关系上的解放。这个解放，对村落而言，就意味着因土地的不可移动性而导致的邻里关系在某种程度上的解放。如此一来，不可移动性下的人际关系也就因"解放"而具有了一定的选择性——就算是做了不道德的事儿，也不惧怕来自村落舆论谴责的关系惩戒，这对生产生活资源并不主要依靠土地收入的文化而言可能更是如此。如果说乡村文化本身蕴含着人们基于"安土重迁"而产生的伦理性和道德性，那这个改变对乡村文化也就具有相当程度的"颠覆性"。随着村落中人与人、家庭与家庭的关系变迁，乡村文化的内涵也发生相应的变化。重伦理向重利益，进而内在要求重规则的变化，或许是在此趋势下的一个取径。

最后，改革开放以来城乡关系的变迁，使城市成为国家框架下的主导，乡村成为城市参照下的"低一等"存在，从而导致乡村文化被动或主动地被"注入"了不同程度的城市性。显然，在乡村本身并未"城市化"的前提下，乡村文化的"城市化"不仅是对乡村文化的扭曲，也是对作为乡村文化之土壤的乡村的扭曲。工业化的城市生产逻辑与农业化的乡村生产逻辑，从根本上决定了城乡之间的文化差异。不尊重这种差异，片面强调农业的工业化、乡村的城市化，也就难免从根本上忽略乡村文化难以改变的"乡村性"——乡村面对的生产对象，是必须遵守时间规律的生命体。时间规律，决定了生产对象在时间上具有不可逾越的周期性；生命体，决定了人对生产对象必须尽到"悉心照料"的职责。显然，这都是与工业化逻辑完全不一样的。近些年来，局部地方将农业工业化的教训告诉我们，所有不尊重农业逻辑的做法，都是对乡村和乡村文化的根本性破坏。当然，城市化逻辑下对乡村文化的"扭曲"还不止于此。因为，动辄用城市文化的标准衡量甚至改造乡村文化，在手段上来得更直接。过去一段时期，乡村文化在一定程度上就是意味着"落后"，而改造"落后"的标准就是城市文化。在此情形下，城市文化也就在"逻辑僭越"下成为乡村文化的改造者，而乡村文化也在一定程度上默认这种改造的"合理性"。如此一来，乡村文化的"非乡村化"也就在所难免地成为一种从被动到主动的过程。这一点，在城郊、在中心镇都有不同程度的表现。这也就是在提醒我们，如何处理好变与不变的关系，是关系转型中乡村文化建设成败的关键。

所以，我们必须看到，固守与变迁不过是建构社会文化形态的基本力量，二者本身并不具有好或不好、进步或落后的问题，即无关于价值判断。若只赞赏变迁，则很可能形成一种线性思维，落入文化进化论的窠臼，即将人类文化视为一个阶段向另一阶段上升的、处于不断进步的过程中，认为文化不过就是这样从"低级"向"高级"进步着。因为，在文化变迁发生前后，这两种不同文化样态之间，本身是无从作出诸如先进与落后之类的价值评判的。凡称坚持旧有传统文化为落后，这不过是站在新文化的立场进行的判断，有失公允；反之，站在旧有文化立场评判变迁后的新文化样态，也必然是一无是处。问题是，我们无法寻觅到超越以上的第三种立场，因为任何人都是被特定的文化所创造，他所进行的一切判断及其标准，皆必然地来自某一种文化，判断者是由特定文化所左右，都具有倾向性。[①] 在巨大的社会文化变迁发生之后，社会文化往往有一个重建的过程。在此过程中，某些群体可能会致力于以传统为核心的文化重建。

当然，如果我们能把握文化变迁（或传统固守）的总体方向，积极促进和引导文化演进与我们所希望的方向相一致，这个促进引导行为即可理解为正效性文化建设行为。但我们必须充分意识到，文化建设的主体必然受制于时间限制。一个群体提出并致力于某种文化建设，正确与否一般不能立马就可验证，当下反映出来的建设效果，能否在长期的人类社会历史中延续下去，这是很难把握的。因为人类社会的一种文化形态的成形，动辄需要几十上百年，而该文化形态若再次改变，往往需要更长的时间。于是，当下人们按主观预期开展的文化建设活动，其最终的成效如何，则需要在一个相当长的时段之后，才能够进行成功与否的判定。建设者主张的文化，有多少能够在社会文化中积淀下来，这很难说清楚；至少在建设的当时是不能明确得到最终结果的。所以，面对社会上已经存在的纷繁复杂的他文化，文化建设者首先需要正确把握和建立起与他文化的关系。在这方面，主要由文化倡建者主体的价值判断和行为取向所决定，进而形成该文化与他文化的相互关系。

从国家治理体系和治理能力现代化的战略取向来看，包括乡村文化

[①] 黄平：《乡土中国与文化自觉》，生活·读书·新知三联书店2007年版，第18页。

建设在内的文化建设的核心问题是与国家政权形态相一致的意识形态建构问题。现代国家建构的基本原理告诉我们，国家在维护共同体社会时所强调的观念思想，以及这些观念思想在全社会的深入和普遍接受的过程，可称之为国家的意识形态建设。国家在特定时代所形成的国家政权，需要通过意识形态建设为政权的存在提供合理性。政权的意识形态建设是文化建设的重要方面，其内在蕴含着政权的合法论证和合法性获取的问题。所以，文化建设能否成功或者成功的程度如何，起决定作用的只在于社会是否响应、大众是否接受。当某一对象群体作为文化受众并接受主流文化承载的意识形态之后，他们也就可能从主流文化的接受者转变为该文化的倡导者和传播者。

从变与不变的辩证逻辑来看，新时代乡村文化建设活动必须面向现代社会本身，面向乡村必须现代化、农业必须现代化、生活在乡村的人必须现代化的必然，逐步浸润、扩散、同化于中国社会。这一过程中，乡村社会并不是白纸一张任其书写，而是有着自身内在的文化肌理，乡村社会的文化偏向和好恶必然会不断地影响着乡村文化建设。这种互影响关系导致倡建文化也随之发生变化，即文化的内涵自身被置于调整适应、改变提升、扩充完善的过程之中。全球化越来越走向纵深的当下，人类多元文化自由流动使文化选择在一定程度上成为可能。在此情境下，某一群体倡建的文化，即使发展顺利，全面覆盖于社会，并已占据社会文化之主流，成为社会文化形态中的主导文化，也可能只是人类社会多元文化之一元，而不可能再回到传统时代某种单一文化统治一个共同体社会的状态。直言之，乡村文化建设，也必然是中华民族伟大复兴进程中文化全球化中的一个环节或过程。

二、任务导向下的新时代乡村文化建设

在梁漱溟眼里，"乡村"是一个价值的共同体或生活世界，而"仁义

礼智信"的儒家价值规范则是维系这个共同体的意义之柱。然今日之乡村，已不再是他面对的那个乡村。所以，即便乡村仍是价值共同体或生活世界，这个价值也是社会主义核心价值观引领下的意义体系。就此而言，新时代乡村文化建设的主要任务，也就是在不断满足农民对美好生活的向往的同时培养新型农民，以促进乡村社会的全面发展与进步，从而实现乡村治理体系和治理能力的现代化。

（一）涵育"公共"：新时代乡村文化建设的现代赋能

2018年9月21日，习近平总书记在主持十九届中共中央政治局第八次集体学习中强调："农业农村现代化是实施乡村振兴战略的总目标。"这就意味着，无论城乡关系如何变迁，"现代化"始终是乡村发展的整体性目标。所以，赋能乡村现代化，也就成为新时代乡村文化建设的深层目标。不过，随之而来的问题是，文化维度的乡村现代化应该是什么样的现代化？对此，可能的答案也许要从传统社会与现代社会的根本区别中来寻找。传统乡村社会之价值共同体，乃是以儒家伦理规范为轴建构起来的、以"差序格局"为表现形式的价值共同体。所以如果说传统乡村社会有"公共"，那也是差序框架下伦理化的"公共"。现代社会淡化差序、突出平等，所以对"公共"的要求重在"规则"。这就是说，新时代的乡村文化建设要赋能现代，就需通过文化建设向乡村社会注入以平等为精神内核的、以公正为价值核心的"公共"，使之从伦理意义上的价值共同体，转化为规则意义上的价值共同体。①

首先，经济与文化的关系，决定了乡村经济建设始终是乡村文化建设的基础。不过，无论是作为一个空间，还是作为一种文化样态的载体，乡村经济与文化的关系都有不同于城市的特殊性。以工业化为核心特征

---

① 舒扬：《当代文化的生成机制》，中央编译出版社2007年版，第74页。

的城市，经济的运行逻辑乃技术支撑下的、理论上具有整体可控性的体系，而且这个体系与人们的社会生活相对独立，所以以此为生产基础的文化也就与人们日常生活有一定的"距离"。乡村的经济建设抑或经济活动，不管城镇化如何发展，始终离不开土地这个"财富之母"的关键要素。而这也决定了乡村文化与生活在乡村的人的社会生活之间高度一体化的关系。一方面，作为经济活动主要对象的土地，乃乡村所在的整个自然环境的一部分。乡村所在位置的经度、纬度、海拔及温度、湿度、光照、降水量，无一不影响土地本身的性质、肥力与附着在土地上的农作物产量。换句话说，土地从来不是土地本身，土地永远只是自身所在地的生态系统中的一个构成要素。如此一来，作为乡村经济活动之基础的农业生产，也绝不是"自主创新"就可以进行的生产，而是受制于包括土地在内的整个生态系统的农业生产。另一方面，作为生产主体的人，面对的生产对象实际上是附着在土地上的农作物。农作物是生命体，这是乡村经济活动与工业化的城市之经济活动的最根本的不同。"生命体"决定了整个生产活动必须遵循、尊重生命体自身的生产规律，决定了生产主体必须对客体尽到悉心照料的责任。也正是这些，决定了其生产过程与作为生产者的人的社会生活之间必然构成深度的卷入关系。也正是这种深度卷入关系，导致乡村文化与乡村经济活动之间形成损荣一体的紧密性。过去这些年来乡村生产活动本身的衰败，也就必然导致乡村文化的衰败。进而言之，当生活在乡村的人们不再重视以土地为载体、以农作物为核心对象的生产活动，建基于此的乡村文化——以四时农令时间为表征的习俗、以"土地"及当地的主要作物为祈拜对象的信仰，也都必然淡出乡村社会生活，进而淡出原有的文化系统。这也就意味着，乡村文化乃是以乡村生产活动为经济基础的文化。如果乡村生产活动本身不振兴，则乡村文化也就不可能振兴；如果乡村生产活动不振兴，即便文化被振兴，那振兴的也不是内生于"乡村"的文化。不是内生于乡村经济基础的文化，其"振兴"也不是"乡村"的文化振兴。

其次，在现代视野下，乡村政治建设是乡村文化建设最坚实的"外壳"。振兴乡村文化，离不开新时代乡村政治制度的强大支持。文化是"人"的文化，无论是乡村文化振兴还是乡村文化建设，必然也必须是以生活在乡村的人为中心的振兴和建设。更为重要的是，新时代的乡村是现代化的乡村，新时代的乡村人也必然是现代化的乡村人。而这个"现代化"，至少是具有两层意涵的现代化。一则，新时代的乡村文化建设必然是以助力乡村人的现代化的文化建设。而现代化的政治制度及其运行对人和人的文化的影响也都是不可低估的。就当前乡村而言，政治制度以提供越来越均等化的公共服务、基础设施，实现乡村人居环境的现代化；以公共事务中越来越多、越来越充分的参与权保障、监督权保障，推进乡村人的权益观念的现代化。二则，新时代的乡村的政治建设必然落地为以维护乡村社会公平为目的的治理制度。所以，如果立足乡村社会结构、社会关系，尤其乡村家族与家族、家庭与家庭、人与人的关系变迁，建立健全贴近乡村治理需求的村规民约，也就成为乡村政治建设与文化建设共同的大事。让村民成为乡村社会的主体，大而言之，是以人民为中心的发展思想在乡村振兴中的落地落实；小而言之，是乡村治理本身如何激活主体、发展主体的具体体现。

从人的现代化的维度看，只有乡村政治建设，尤其是以乡村治理为核心指向的治理秩序的建设，才能在乡村公共事务、公共生活中逐步确立以村民为中心的价值理念和制度实践，进而让村民在此实践中"找到"公共价值和公共精神。毕竟，所谓人的现代化，并不只是意味着人的权益觉醒和自觉，还意味着人的公共品质的确立和自觉。同时，也只有这样的人，才能成为推进文化现代化的建设者。所以，从文化角度看乡村政治建设，就需强调政治如何通过公共服务、民生保障让村民感受到"公平"，也需强调政治如何通过治理体系的调整，让村民能够更便捷、更全面地参与这个公平的实现过程。

最后，培育和形塑乡村社会的现代法治意识，是新时代乡村文化建设的基础性和方向性的任务。现代社会是法治社会，现代化的乡村也当然是法治化的乡村。社会总是人的社会，所以让现代法治理念及其行为实践牢牢扎根乡村，并成为村民日常生活中的行为自觉，也就极为重要。乡村社会，作为最关键的生产生活资料的土地的不可移动性从根本上决定人与人社会关系的深度和密度。土地不可移动，人与人也就祖祖辈辈、世世代代比邻而居。如此基于居住之空间亲近性的关系，生活中也自然相互帮助、相互救助、相互援助。"远亲不如近邻"也因此成为乡村社会关系之传统和日常。在此关系结构中，不仅所有人认识所有人，而且所有人的得失荣辱很可能也关系村落的所有人，所以能实现所有人监督所有人。而监督的标尺，也就是基于村落社会关系维系最核心的伦理与道德。也正是在这个意义上，传统乡村社会也就理所当然地被称为"礼治"社会。人与人、家庭与家庭有了纠纷，谁也离不开谁的重复博弈逻辑、抬头不见低头见的面子、尊严和情感逻辑，也就必然高于以"公平公正"为核心的法治逻辑。

市场经济是法治经济，乡村社会不可能外在于市场，没有法治为底盘的乡村社会也自然无法融入市场。所以，乡村文化之配称现代化的文化，必须是与现代法治精神相得益彰的文化。当然，文化绝无可能独立于社会系统的其他要素，所以新时代乡村文化建设，必须是现代化的乡村经济、政治、法治等要素一体化的建设。而且，也只有系统的要素协同并进，作为乡村文化建设的根本目的的人——村民的现代化也才有更坚实的实现基础。

（二）面向"多元"：新时代乡村文化建设的内在调适

一个共同体社会的文化最终是由全体人所共遵共享的。从文化建设的社会成效看，大凡有影响的建设行为，都将会指向于社会主导的文化方面，力争成为社会文化之主流，而不是局限在特定群体的文化实践范围内。为了得到全社会多数人的响应，文化建设必须向社会的各个领域、人们生活的方方面面推进。一般来说，建设者从一种观念思想或主张的坚持开始，逐步与制度文化相衔接，随之也将介入社会道德与行为规范领域，浸润并影响于人的文化践行，并且还将不断地反映到精神文化产品的生产与消费之中。随着文化建设活动的推进，文化建设的内涵已不限定为某思想或主张，而是建立起一种社会文化体系，形成全社会的文化覆盖。这就是文化建设活动所追求的社会文化形态建构。在此意义上说，文化建设将会是一个庞大的系统化的社会工程。

从文化建设自身的规律来看，建设植根于社会生活的文化，所要建构的社会文化形态，也不仅仅是某种文化主张的提出和坚持，倡建者的主张需要在不同层次上进行文化扩展，要逐步走向系统化。所以，新时代的乡村文化建设，既需要认真考虑流动于乡村社会表层的文化活动形式这一方面，也需要考虑如何将这些形式融入更具系统性的内容，尤其是与社会主义核心价值观整体理念相嵌合的内容。毕竟，构建一种新的社会文化形态并不意味着文化建设主张者可以随意粗暴地将自己的观念意图强加到全社会，文化建设不能一意孤行而忽视社会方方面面的诉求；相反，文化建设是求得社会认同，是倡建主体与全社会的互渗互动。因此，在社会系统化的过程中所建设的文化，其内涵也是在不断补充、调整与完善的，尤其是在当前加速城镇化背景下的中国乡村，倡导主体与全社会的互动必须充分照顾接受者所能接受的形式和内容及其动态的变迁。

从文化及其社会互动的维度看，某一种文化建设范围中分划出倡建者与接受大众，不过是一种为方便分析而作的权宜性划分。倡建者与接受者之边界并不是凝固的、一成不变的。当某一对象群体作为文化受众并接受某文化样式之后，他们作为该文化的维护者，便可能主动地向更广范围传播该文化。也就是说，某文化主张的接受者，随时可转变为该文化的倡导者。我们观察任何一个文化建设运动，皆可从其演进历程中发现：最初以倡导者为中心，其周边形成受众小群体；之后，又以该小群体为倡导中心，进一步以更大的群体为受众范围作文化传播；最后，日趋庞大的倡导群体将全社会大众作为其受众。这种滚雪球式的文化建设扩张，使某文化从特定群体维护，逐步发展到全社会的集体维护。如古代的儒家文化，从最初产生到最终建设为中国社会主导文化形态，倡导者与接受者的角色转化关系，可概括如下：孔子—七十二门徒—儒家学派—统治集团（"独尊儒术"）—全社会。这也就意味着，随着文化建设的推进，文化覆盖和接受的群体便自然转化为文化建设的主体；当建立起主导全社会的某文化形态时，全社会大众亦将成为该文化的建设主体。当前的乡村社会，不是封闭于乡村自身的社会，而是不断城镇化——与城镇和城市互动、互补、互融的乡村社会。有此互动、互补、互融，也就必然要受城镇和城市的影响，必然受全球化的城镇和城市要素的影响。短期看，这个影响可能是表层的、单一的，甚至是微不足道的，但如果拉长时间线看，则这个影响必然是全方面的、深层的，甚至是根本的。

现代化进程中的乡村，宏大背景乃是全球文化的自由流动，各民族、国家文化的影响与互动日趋深入。一方面，在西方强势文化下，如何坚持中国乡村文化的自主性，即在全球文化交流的环境中，如何凸显中国乡村文化的主体地位？当前及今后一段时期，如何设计和开展面向世界、面向未来的中国乡村文化建设？进而能否在面向全球的中国道路、中国模式中，建设起一套充满魅力的中国乡村文化建设体系？这不仅关系乡村全面振兴，更关系乡村全面振兴更深广的历史意义和现实价值。但另一方面，地域广袤的中国乡村，因乡村在空间意义上的自然环境、地形地貌、气候土壤等差异，形成了不同的农作物体系、不同的耕作技术、不同的农耕文化。所有这些，也都是千百年来生于斯长于斯的先民以生产生活经验创造出来的文化集成，是乡村社会过去和现在的浓缩，是乡村形象的精髓和灵魂。也正是如此，才使得乡村社会的代与代之间、历史阶段与历史阶段之间保持了精神内核的连续性和同一性。乡村文化建设如果丢弃了这种连续性，忽略了这种同一性，也就失去了建设的根基。这也就是说，新时代的乡村文化建设，必须处理好乡村社会外在的多元与乡村生产生活内在的延续，才能从根本上保证乡村文化建设是"乡村"的文化建设和为了乡村"文化"的建设。

三、新型城乡关系下乡村文化建设的路径选择

在现代国家经济和社会发展过程中，城市化是不可逾越的必经阶段。对曾经靠农业立国、以农耕文化为根的中国，城市化任务的艰巨性也就决定了在一定阶段重城市轻乡村的可能性。事实上，也正是在城市取向成为社会主导性价值目标和价值标准的取向下，乡村成为城市的"反面"，进而导致乡村文化在其建设过程中有意无意地"摧毁"乡村社会的价值世界且将其视为"建设"。也正是在这样的价值导向下，乡村精英们开始厌弃乡村，进而通过各种方式和途径流向了城市，走出乡村成为大部分村民的"人生理想"。

（一）在谋全局中做强农村社区文化

与城市文化建设不同，在经济社会发展不平衡不充分特别突出的农村，立足全局统筹城乡无疑是决策的基本前提。不过，在此过程中，只有作为绝对的核心和建设的主要力量的县级党委对文化建设的政治方向与核心内容有精准的认识，才能对乡村文化建设的城乡一体化作出完整规划并推动各项建设工作。

既有实践表明，以区县为单元的乡村文化建设的所有决策和规划都必须切实打破"城乡分割"的思维模式，牢固树立城乡文化发展"一盘棋"的思想，统筹规划城乡文化建设，才能切实改变重视城市文化建设，轻视农村文化建设；重视农村经济建设，轻视农村文化建设的观念。在制定县域经济社会发展规划时，坚持农村文化发展与经济发展并重的思想，把农村文化建设纳入经济社会发展规划和城乡建设总体规划；树立城乡文化协调发展的思想，以城乡文化均衡发展为目标，充分考虑农村文化建设投入偏少、水准偏低、发展滞后的历史和现实。一句话，就是坚持城乡并重、城乡互动，坚持对城乡文化建设统一部署、统一规划、统一投入，真正形成谋全局、统城乡的一体化格局。

乡村文化建设，必须与经济建设、社会发展统一部署，同步落实，才可能自上而下形成"一把手"负总责、主管领导亲自抓、创建部门具体抓、各职能部门协同抓的工作格局，有力有序推进创建。换句话说，就是政治导航，从战略性、全局性、整体性层面来谋划具体的建设措施，尤其是以城乡一体化、城乡"一盘棋"的理念，统筹县级各部门、城市各街道、基层各乡镇，并在统筹中坚持乡村文化建设绝不是"软功夫"、软任务，而是有"硬作用"、硬原则、硬指标的硬任务。这种以"硬"为"表征"的条块联动，对统一思想、协调行动、整合资源、形成合力具有关键性作用。

如果说乡村文化建设的核心是"人"，是对人的观念和基于观念的社会行为体系的建设，那弄清楚"人"在哪里就是基础的基础。同时，乡村文化建设是塑造"人"的系统工程，所以"人"作为主体的主动参与也就甚为关键。这也就意味着，找到"人"并动员其积极参与，是乡村文化建设最核心的工作。

把系列工作指向农村社区、落到农村社区，是乡村文化建设最大的基层工程。乡村文化建设不仅是党委、政府的工作，是各类社会组织、企业的社会责任，更是每一个社会成员都参与建设并从中受益的文化环境。农村社区是"人"之所在，每个人除了工作以外的大部分时间都是在社区度过的。社区的人文环境、自然环境、民风民情、文明程度，对每个人都有着极其重要的影响。

只有在社区思维指引下，作为领导力量的党委、政府才能充分利用大数据技术，导入社区治理精细化的机制体制，以"大治理"实现乡村文化建设的精细和精准。既有实践显示，如果大数据显示某社区流动人口和个体工商户多，社区文化建设就以就业创业为主题，满足社区居民用工、就业和创业需求。某社区学生多，文化建设就以"共融共建、共治共享"为主题，设立社会组织服务工作站，引导社区各类志愿服务队提供全方位精准服务，如引入作家协会、楹联协会、诗词协会、书法家协会、美术家协会等社会组织，开办"四点半课堂"、书法美术兴趣班，更好地培养社区青少年、儿童的学习兴趣，缓解上班族无法按时接送子女的矛盾问题。某社区失独者等特殊人群较多，社区文化建设就建构温馨和谐的社区人际关系来促进社区居民的"文明行为"。某社区老龄人口多，社区文化建设就以"孝""善"为主题，成立社会组织联盟，创新"社区＋服务联盟"模式，通过社区搭桥、联盟服务、居民购买的形式，为居民提供方便、实惠、省心的便民服务，同时依托社区老协、老体协，组织居民开展丰富多彩的文化活动，精准定位和满足居民的服务需求。

同时，以技术平台为基础，整合党政部门管理服务资源，依托党群、政务、民生、商务平台，整合部门业务骨干、社区民警、网格员等专业"线下"队伍，实时接受、跟进指挥中心事项交办指令，实现"线上、线下"服务同步。通过服务对象事项办结后现场签字评、网络终端评、跟踪回访评等方式进行满意度评价，确保事项办理质效，提升群众满意度。这些创新举措，将县域乡村文化建设成功"推进"党员干部榜样示范、社区居民多元参与、各类社会组织（尤其是民间新型文化组织）协同的共建共享框架。在此框架中，乡村文化建设的整体性在社区层面，在社区居民的感受、体验和参与层面得到了充分体现。有了这样的"充分"，作为乡村文化建设之核心的人的社会行为塑造，就有了强劲的外在和内生动力。

（二）在民生保障中做实村民的文化体验

"仓廪实而知礼节"，乡村文化建设必须以物质文明建设为坚实基础。新时代，作为乡村文化基础的物质文明，从人民群众可感知、可体验的意义上说，主要就是以医疗、教育、就业、养老、公共卫生等社会保障投入和以公共文化服务软硬件投入的民生发展。只有不断增加民生投入，不断创新民生投入的体制机制，提升民生投入的精准性，才能在全面提升群众获得感和幸福感的基础上夯实乡村文化建设的社会基础。

在保障性的民生投入方面，需坚持从各个系统、各个层面抓好教育、文化、医疗、就业、社保、棚户区改造等民生实事，全面提升群众幸福感、获得感。整合专项资金、配套扶持政策，统筹实施教育振兴等工作。在公共文化服务的投入方面，需着力打造特色载体，构建确实能感染人、熏陶人的文明环境。充分整合活动阵地、设施设备、配套资金等公共资源，创新打造让人们可观、可感、可参与的社会主义核心价值观实践体系，推动社会主义核心价值观在农村社区落地生根，让群众在潜移默化中接受社会主义核心价值观熏陶。同时，高标准建立县史志馆、农耕文化传习馆、乡愁博物馆、非遗博物馆等特色载体，整体提升区域环境的文化品位。

以社会主义核心价值观为理念系统的乡村文化建设，公约数是全面提升作为建设主体的人民群众对社会主义制度的认同感，而形成此公约数的前提，则是让人民群众享受、感受、体验到社会主义制度的民生温暖。所以，只有在民生保障上让人民群众有足够的获得感、幸福感、安全感，乡村文化建设的基础才坚实而牢固；只有通过坚持不懈的民生投入，让人民群众在衣食住行的日常生活中不断体验到、感受到以社会主义核心价值观为内核的乡村文化，他们才可能认同、参与、践行。

文化建设和道德建设，是乡村文化建设在内容层面上的顶梁柱。新时代乡村文化建设，可以文化品牌培育和文化精品创作为支点，切实促进区域文化的大发展大繁荣。道德建设上，则主要是以榜样推进实践的方式来展开。在文化品牌培育上，充分发挥区域历史文化、民俗文化、生态文化的资源优势，通过建设文博阵地、保护文化生态、发展文化产业等工程，打造地方特色文化与社会主义核心价值观有机结合的"文化名片"。这些文化品牌、文化名片，在丰富群众精神文化生活的同时，提升人民的文化自觉、增强人民的文化自信。在文化组织建设上，积极探索农村基层公共文化服务新路径，引导群众在农村公共文化服务中参与决策、参与管理、参与活动、参与监督，实现自我管理、自我服务。同时，以项目为抓手，在村（社区）一级延伸打造以文化阅览室、道德讲堂、室外文化广场等为内容的农村社会主义核心价值观教育基地，广泛组织广大群众参与道德讲堂、文艺展演、全民阅读、书法比赛、志愿服务等各类形式活动，不断激发人们做社会主义核心价值观的践行者的自觉性。在道德实践上，坚持用先进典型引领乡村文化建设，深入开展公民道德实践教育活动，切实以典型的力量树立社会文明新风尚。广泛宣传弘扬崇德向善、尊老爱幼、勤俭持家、文明礼让、勤奋励志等中华传统美德，全面提升城乡群众的道德自觉。概言之，新时代的乡村文化建设，必须以政治站位为前提。学深悟透习近平新时代中国特色社会主义思想，才能找准新时代乡村文化建设的战略定位。有了战略上的高定位，才会有透彻的认识、清晰的方向、精准的规划。在乡村文化建设中，社区是最基础的单元。网格化、大数据技术支撑下的农村社区治理，为乡村文化建设的生活化、体验化、情感化、榜样化提供可观可感可参与的平台。同时，以文化作品、文化品牌提升品质感、自豪感，为乡村文化建设注入强劲的内生力。只有这样，才能全面推进乡村文化建设往"硬"里走、往深里走、往实里走、往心里走，实现社会主义核心价值观内化于心、外化于行的核心目标。

以统筹城乡为主要原则的乡村文化建设，比城市更为特殊：既要促进城乡文明融合，又要协调一体化过程中城乡居民各自的文化权益和诉求，确保乡村文化建设总体方向不发生偏差。所以，探索评估标准、建立问责机制，对乡村文化建设的长效化尤为重要。

由于乡村文化建设的出发点和落脚点都是让人民精神更富足、生活更美好，所以村民"满意感"自然是衡量乡村文化建设成效的主观标准；而且，村民是乡村文化建设工作的主要对象，也就必须以他们对政府、社会等各类主体为自身提供的各类服务的评价为主观尺度。同时，由于乡村文化建设过程中相关体制机制建设、社会环境营造应成为评价的客观标准。所以围绕建设过程中的体制机制，可以从制度机构设置、工作方法、协作模式等方面进行相对客观的评价。尤其重要的是，乡村文化建设是为了让村民理解并在日常生活中自觉践行社会主义核心价值观，所以村民在建设过程中的某一阶段所具有的思想素质和道德水准，也应成为乡村文化建设的评价标准。

| 第二章　主体培育：公共文化服务
下沉的丹棱经验

丹棱县位于四川盆地西南边缘，隋开皇十三年（593 年）建县，辖区面积约 450 平方千米，辖 5 个乡镇、50 个村（社区），总人口约 16 万人。丹棱是大雅文化的发祥地，有"诗书合璧"的"大雅堂"、"三彭七李"等历史文化名人，"难登大雅之堂"即典出于此。丹棱县是全国首个农村生态文明家园建设示范县，国家级可持续发展实验区，国家级生态示范区，中国"不知火"橘橙之乡，中国民间唢呐艺术之乡。近年来，丹棱县以"引导民间众筹文化院坝"建设国家公共文化服务体系示范项目为抓手，立足自身经济社会实际和文化资源禀赋，充分集聚整合社会力量参与乡村文化建设，建成民间众筹文化院坝 100 个，较好地激发了多元主体参与乡村文化建设的积极性，有效衔接了农村群众多元化的精神文化需求，探索出一条培育多元主体推进农村公共文化服务下沉的实践路径。

一、丹棱民间众筹文化院坝的缘起与发展

"众筹"概念被运用于乡村公共文化服务，并非地方政府的创造性设

计。丹棱民间众筹文化院坝起源于民间自发实践，政府在总结民间经验的基础上进行了试点推广，并以点带面、逐步铺开，结合打造县级全域国家乡村公园等工作，引导和鼓励包括农民在内的多元社会力量投入乡村文化建设，兴办了综合型、专业型、农文旅结合型等多样化的农民文化院坝，让大院成为舞台、农民成为主角，极大地丰富了乡村文化样态，促进了乡村文化先行。

（一）村民自发尝试：作平文化大院"意外走红"

2005 年，丹棱县桂花村村民王作平萌发了利用自家院坝创办免费文化场所的想法，并办起了作平文化大院，成为该县民间众筹文化院坝的发端。王作平是一位生在农村、长在农村的普通农民，他从小热爱文艺，由于主客观原因限制，初中毕业后一直在家务农。那时，农村文化活动更加贫乏，村民农闲时的娱乐活动除了打麻将就是打牌，一些人天天沉迷打牌不干家务，一些家庭为此不断吵嘴、打架，还有人因打牌赌博走上了违法犯罪的道路，留守农村的人越来越少，但是内部的矛盾和问题越来越多。为此，王作平和几个朋友一起动脑筋编创了说唱节目《劝赌》，挨家挨户上门去表演，产生了良好反响。后来，也是机缘巧合，王作平得知丹棱县要建农村廉政文化大院，他立即向县纪委提出申请，表示"不要纪委出一分钱，就在自己家里办一个廉政文化室"①。2005 年 10 月，王作平自掏腰包将自家院坝和一楼的房间整理出来，自费购置了电视机、VCD、书架桌椅等设施设备，订阅了一批报刊书籍，作平文化大院就这样鸣锣开张，正式向乡邻免费开放了。

王作平自办文化大院遇到了许多困难，最主要的是缺钱。作平文化

---

① 付远书：《自办文化大院 8 年：一个四川农民的文化试验》，《中国文化报》2014 年 2 月 13 日。

大院第一笔投入的 2 万多元，本是给刚考上大学的儿子上学用的学费。一开始，母亲和妻子对于王作平的做法并不理解，自己家里不富裕，还要花钱买书买设备。后来儿子上学的钱通过助学贷款得到了解决，同时，王作平在自家的文化院坝干得很起劲儿，村民们在自家院子里开展文化娱乐活动的热情很高，她俩也就默默地予以支持。但是，自办文化活动需要开支的地方实在不少，此后王作平几乎把所有积蓄都投进了文化大院，他的妻子一度不得不外出打工挣钱贴补家用，家里结余都继续用于文化大院的活动经费。农闲时，王作平的文化大院成了村里文艺爱好者的聚集地。"众筹"文化大院，一开始除了节目和点子的筹集，还包括排练完节目后一起"打平伙"吃饭。当时农村的生活实在不富裕，乡亲们就根据自家情况，各自拿点青菜、腊肉、柴火，一起动手在王作平的院坝里做饭吃。钱的问题勉强解决，人的问题还要想办法。农村人口外流严重，留在村里的农民各家有各家的事情，基本上是陆陆续续到文化大院娱乐一下就走，文化大院的活动仅仅依靠王作平个人力量去维系，显然不可持续。于是，王作平自发创建了村里第一支农民文艺小分队，并定期编排文艺节目。

不过，节目排练也面临重重困难。首先，村民大多数还是以自己的生产生活为主，统一排练时间非常困难；其次，村民的个人表演素养参差不齐，培训不能整齐划一。对此，王作平作了全面调查，统计每位村民的时间安排，将文艺小分队的排练时间固定在每月 5 日、15 日、20 日。每月的这三天，不仅要排练，还要为村民们表演一台节目。遇到重大节庆、邻村有重大活动，文艺队还要走村入户去表演。王作平在演出中发现，村民们对贴在墙上的一条条法规兴趣不大，对根据政策法规创作的快板却很感兴趣。王作平就想办法结合最新的政策法规创作快板，随身带个小本子，把想到的句子及时记下来，晚上回家再仔细琢磨、整理。如今，他已创作了《乡村振兴打胜仗》《黑恶势力全扫除》等快板、小品、三句半作品 100 余件，编导文艺节目 50 多个，朗朗上口的快板和三句半、充满烟火气的小品等节目让村民在娱乐中学习了解了党和国家的政策法规。作平文化大院的文艺小分队已从当初的 10 余人发展到 50 多人，形成了男子舞龙队、女子舞龙队、舞狮队、腰鼓队、快板队等特色团队，每年义演自编自排的节目百余场，观看群众超过 10 万人次。作平文化大院名气越来越大，吸引了不少邻近的文艺爱好者前来切磋，大院越来越热闹。

10 余年来，作平文化大院一直兑现着当初"不关门、不上锁，夜不闭户"的承诺，王作平个人得到的所有奖金全部用于大院的文化活动经费。作平文化大院像一块巨大的磁铁，吸引了十里八乡的乡亲，逐步发展出文艺服务、志愿服务、养老服务、纠纷调解等诸多功能，已经成为农民文化活动的集散地、政策法规的宣传点、农业科技知识的培训点、邻里矛盾纠纷的调解室，对促进乡风文明、振兴乡村文化起到了积极作用。《人民日报》《光明日报》等国内主流媒体先后对作平文化大院进行了宣传报道。

（二）众筹社会力量：各类文化院坝"风生水起"

作平文化大院的"意外走红"引起了基层政府的高度关注。从 2015 年开始，丹棱县对作平文化大院的缘起、发展作了深入调研，对文化大院兴起的深层原因作了理性分析，发现文化大院的"走红"绝非偶然，其背后与农村产业结构调整促进农民致富增收密切相关。近年来，丹棱县因地制宜调整产业结构，以"不知火"为代表的晚熟柑橘产业迅速发展，农民从传统种植养殖业等繁重体力劳动中脱离出来，经济状态也逐渐好转。有钱又有闲，农民群众开始关注精神文化生活，对文化活动的需求相应提高了。为此，丹棱县正式提出"众筹文化院坝"概念，以作平文化大院为蓝本，在全县引导民间众筹文化院坝建设。

　　所谓"众筹",至少包含四个层面的内容:一是众筹活动场所,引导农民将自家住房和院坝改造为舞台,引导企业开辟专门的文化活动室,面向公众免费开放;二是众筹设施设备,引导群众和爱心企业为文化院坝捐赠音响、乐器、道具、服装、图书等各种设备设施;三是众筹文艺活动,引导各类文艺工作者和文艺爱好者免费为文化院坝创作、编排文艺节目,引导各类艺术团体免费参与文化院坝组织的演出活动;四是众筹管理服务,引导农民积极参与文化院坝的管理和服务工作,建设文化志愿者队伍,通过志愿服务支持文化院坝各项活动的顺利开展。丹棱县文化部门从作平文化大院的运行模式中受到启发,专门设立社会力量参与公共文化服务引导资金,明确规定:对于社会力量新建的文化院坝,根据建设投资额或建筑面积,给予一定的资金补助;对于文化院坝开展的文化活动,根据活动项目经费投入、节目质量、社会影响等给予一定的资金补助。众筹文化院坝精准击中了农村群众文化需求的痛点,一大批扎根乡土的文化能人被激活,社会力量众筹办文化项目如雨后春笋,德祥文化大院、狮子村文化大院、为学文化大院、幸福公社文化大院等一批文化院坝发展得风生水起。目前,300万元的政府奖补资金已撬动社会资本超过3600万元,丹棱县建成民间众筹文化院坝100个,包括综合型文化院坝50个、专业型文化院坝24个、文旅结合型文化院坝26个,众筹活动场地面积约2万平方米。

　　民间众筹文化院坝的建设过程中,有效激发了社会多元主体的作用,尤其是强化了农民的核心主体意识。一批农民自愿组成文化艺术志愿者队伍,投入文化院坝的管理服务、节目研创、文化演出等工作,成为农村宣传思想战线的生力军。民间众筹文化院坝串联起丰富多彩的农村文化表演活动,成为政府公共文化服务的有力补充,助推了当地产业发展,有力提升了基层治理水平。自文化院坝建设以来,农村家庭矛盾纠纷和村民纠纷减少了一半以上。丹棱"引导民间众筹文化院坝建设"不仅顺利入选第三批国家公共文化服务体系示范项目创建名单，还在该批次的全国终期评审中获得西部地区 21 个文化示范项目的第一名。

（三）政府规范引领：乡村文化振兴"塑形铸魂"

针对乡村群众的实际文化需求，丹棱县"趁热打铁""借势出招"，从明确文化院坝建设标准、创新文化院坝运作模式、培育乡村文化活动品牌等方面发力，引导构建乡村文化振兴的"形"与"魂"，探索了农村公共服务下沉的新路径。

一是明确文化院坝建设标准。近年来，丹棱县出台了《丹棱县民间众筹文化院坝建设标准》《丹棱县民间众筹文化院坝建设考核奖补标准》等，明确了文化院坝"四有""四化"建设标准，即有组织机构、有活动院坝、有文艺队伍、有文艺项目，活动经常化、形式多样化、内容精品化、参与广泛化。同时，建立健全群众文化队伍教育培训制度，协调四川省文化馆舞台艺术中心，组织市县文旅能人、文化培训机构结合农村实际，分层分类开展文化教育培训，培养"下得田头，上得台面"的群众文化队伍。

二是探索文化院坝运作新模式。民间众筹文化院坝一开始就取得了较好成效，丹棱县没有满足于此，而是敏锐地捕捉到文化院坝自身造血功能不足、与年轻人脱节等问题，以"文化＋产业""文化＋治理"等模式，探索建设综合型、专业型、文旅结合型等各具特色的文化院坝，对不同的文化院坝进行分类管理，形成文化院坝发展的张力。双桥镇五龙村为学文化大院是退伍返乡军人胡益拆了自家的规模养猪场兴建的农民文化活动场所，设置了标准的舞蹈排练厅、音乐教室、书画创作室等功能空间，吸引了全镇的文艺爱好者前往排练歌舞、学习乐理、练习书法，聚拢了人气，淳化了民风。顺龙乡幸福古村幸福公社文化大院的创办人是"90 后"新村民谢舜川，古村深厚的文化底蕴和浓郁的乡愁韵味吸引他驻扎于此，不仅组建了农民文艺队，演绎古村歌曲、古村故事，表演传统花灯、现代舞蹈等节目，还引导 10 余户农民自办农家乐和民宿，开展水果采摘、茶叶采摘、农事体验等文旅项目。张场镇小河村德祥文化大院在建立传统舞台的基础上，结合当前农村生活实际，建立了年轻人喜爱的卡拉 OK 厅，配备了电脑和无线网络，村里老老少少茶余饭后、休闲娱乐都愿意去大院走一走。德祥文化大院的创办人文德祥在院坝的可持续发展上做文章，将文化院坝和水果专业合作社有机融合，借助自家文化大院的知名度，拓宽水果合作社的市场销路，统一水果合作社的种植标准，前来接洽水果供销并参观体验文化院坝活动的客商络绎不绝，水果合作社成员户户增收，参与文化院坝活动的劲头更足、热情更高。丹棱县还积极引导农村群众将乡村文化活动与乡村产业发展有机结合，支持文化院坝开展形式多样的橘橙节、桃花节、采摘节等节会活动，以节会探索文化院坝特色化、差异化发展路径。文化院坝助推产业发展，产业发展带来的收益又反哺文化大院，这样的良性循环使民间众筹文化院坝更具生机与活力，也将一批新生代年轻农民会聚在一起，齐心协力发展产业，群策群力开展文化活动。

三是培育乡村文化活动"金字招牌"。丹棱县通过民间众筹文化院坝工作，聚合形成了"大雅新农民·快乐新农村""党群集中活动日""乡村春晚"三大群众文化活动品牌，切实提升了村民的文化获得感。"大雅新农民·快乐新农村"活动常态化开展，每年大型演出达到 150 场次以上，每场活动都吸引了社会团体、文化院坝、群众文艺队伍积极参与，涌现出一批精品文化节目。"党群集中活动日"每村每月固定开展，以文化活动搭建起各类政策法规的"宣讲台"。"乡村春晚"由民间众筹文化院坝牵头组织、政府视具体情况给予一定的资金补助，做到了春节期间"院院有演出、村村有欢笑"。近几年兴起的"乡村春晚"不仅是农民文化活动的集中展演，也最能体现每个文化院坝的表演水平。为了筹备

"乡村春晚"，村、镇两级政府组织动员，村集体调度管理，老中青三代村民、乡镇文化干部、春节返乡大学生集体贡献智慧和才艺。"乡村春晚"上的节目大多以勤劳致富、尊老爱幼、邻里和睦等贴近农村群众生产生活的内容为主题，糅合了多种文化元素，不乏民间创新创意元素，展示了新时代农民的生产生活方式、价值观念和道德风尚，体现了传统与现代、城市与乡村的文化碰撞，形成了具有明显时代特色和地域风貌的文化景观。一台"乡村春晚"，让村民有了较强的参与感、获得感，形成了新时代农村集体文化记忆不可或缺的重要部分，其意义远远超越了活动本身。这也表明，农民群众经过时代洗礼和实践锻造，已经有能力、有自信站上舞台，以文化表演的方式表达自己，这样的能力与自信就是乡村文化振兴的内生动力。除了农村的民间往来和互动，丹棱县还不断加强城乡文化互动，切实推动"乡村春晚"进城。自 2018 年起，该县每年都要从民间众筹文化院坝的节目中挑选一批优秀节目到眉山中心城区演出，让农民走上城市舞台，既满足了城市居民文化生活需求，又提高了乡村文艺队伍的积极性，进一步增强了农民文化自信。

二、丹棱民间众筹文化院坝的主要经验

在推进民间众筹文化院坝建设过程中，丹棱县坚持"政府引导、社会参与、农民主体"的原则，积极引导社会力量参与公共文化服务，推动农民文化角色大转变、农村文化资源大整合、群众文化思想大凝聚，实现乡村公共文化服务"从群众中来，到群众中去"，为全面推进乡村振兴提供了有力支撑。

（一）政府引导，夯实乡村文化建设之基

农村公共文化服务的痛点在于供需双方的衔接不畅。农民是农村公共文化服务的对象，缺乏什么、需要什么、补充什么，当地农民最有发

言权。丹棱县农民的自发尝试，让相关管理服务方获得了灵感。不同于标准化的公共文化服务，"众筹"的文化院坝，精准对接农民群众文化需求，通过政府的引导与扶持，实现了从"分散型"向"规模型"、从"娱乐型"向"效益型"、从"单一型"向"特色型"的转变，为农村公共文化服务体系建设提供了更为强劲的动能。主要体现在制度引导、资金引导、业务引导三个方面。一是制度引导"指路"。丹棱县坚持制度创新，抓好"顶层"设计，先后出台《关于开展创建国家公共文化服务体系示范项目"眉山市丹棱县引导民间众筹文化院坝建设"的实施意见》《丹棱县民间众筹文化院坝建设标准》《丹棱县民间众筹文化院坝动态管理办法》《丹棱县民间众筹文化院坝提档升级工作方案》《丹棱县民间众筹文化院坝奖补办法》等，明确了文化院坝建设标准，完善文化院坝动态管理机制，健全文化院坝考核评价细则，优化调整扶持政策，使文化院坝有组织机构、有活动载体、有常态服务，实现了内容大众化、参与广泛化、活动常态化、形式多样化。政府通过建立一套较为完整的评价体系对文化院坝进行管理。评价体系按照文化院坝的类型有所侧重，总体包含以下几个维度：硬件设施设备、制度经费和人员保障、活动开展情况、人才队伍情况及社会影响力等。评价结果直接与政府拨付的奖补资金挂钩。二是资金引导"阔步"。发挥财政资金对社会资本的带动作用，把公共文化产品和服务项目、公益性文化活动等纳入公共财政预算，探索将众筹文化院坝纳入公共文化服务专项资金管理，设立民间众筹文化院坝建设专项引导资金，对新建的文化院坝给予一定额度的奖励补助，多渠道为文化院坝配置或更新设施设备，激活民间众筹文化院坝的热情，保证文化院坝活动顺利开展。三是业务引导"架梯"。建立健全民间文艺队伍教育培训制度，构建起"县、乡、村、院坝"四级文化服务网络。在文化惠民政策框架下，通过各类演出评比，激励文化院坝"出精品"。通过送培下乡、农民夜校等多种形式，开展宽领域、多层次的文化能人培训，有效提升了乡村文化人才队伍建设水平。建立分类分层次的文化艺术人才信息库，在全县海选文化人才，深挖文化能人，加强对文化能人的培育引导，形成了以全国优秀文化志愿者、四川好人王作平为代表的一批农村文化能人、新乡贤，树立了正能量典范。

（二）社会参与，汇聚乡村文化建设之力

农村公共文化服务离不开社会各方的参与。丹棱县引导民间众筹文化院坝，激发多元力量参与乡村文化建设的积极性，促进文化院坝建设主体、建设方式和资金投入多元化，初步形成了社会力量参与农村公共文化服务的框架体系和方法路径。一是企业自愿参与，众筹设备和资金。丹棱县制定《民间众筹文化院坝建设"百企联百院"工作实施意见》，吸引100家企业结对帮扶100个文化院坝，通过投资或捐助设备、赞助活动、提供产品和服务等方式，增强民间众筹文化院坝建设项目的影响力和吸引力。多家本土企业先后投资近1000万元，从本地文艺爱好者中挑选演员，拍摄了《爱不需要承诺》《被爱情眷顾的热土》《情满丹棱》《大雅流韵》等反映本地人文风情的影视剧，免费在当地文化院坝播放，丰富文化院坝的活动载体与活动内容。二是行业自觉参与，众筹文艺活动。丹棱县加强对文艺团体和行业协会的引导，鼓励和扶持文艺团体承办文化活动、参与文化院坝的管理服务。大雅艺术团、县音乐家协会、县老体协、老年大学等文艺社团，长期免费为文化院坝创作、编排文艺节目，积极参与文化院坝组织的演出活动，播撒了文化艺术的种子。三是群众自发参与，众筹活动场地。坚持共建、共管、共享，以作平文化大院和德祥文化大院为样本，以点带面，逐步铺开，引导和鼓励群众通过筹集资金、筹集智慧、筹集劳动等多种形式，参与文化院坝的建设和管理。农村群众的文化创新创造活力被激发，参与群众性文化活动的热情被点燃，进而实现农村公共文化服务有人气、有热度、有影响、可持续。

（三）农民主体，坚守乡村文化建设之本

乡村文化振兴是乡村振兴战略的重要内容，也是传承传统文化、建设乡村文明的重要途径。乡村文化振兴不仅受政策支持、社会参与等外在因素影响，还与农民群众的道德水平、思想意识、文化素养等内在因素密切相关。农民的主体性是决定乡村文化建设成效的核心因素，直接决定着乡村文化建设水平。只有充分发挥农民的主体性作用，才能更好地达成乡村文化振兴的战略目标。丹棱县以民间众筹文化院坝为载体，不断激活农村群众文化建设的主体意识，唤醒农村群众的文化自觉，吸引农村群众积极参与传统文化传承弘扬、本土文化资源传承保护等乡村文化建设活动，在文化实践中激发农村群众的主体意识、提升农村群众的主体能力。一是弘扬优秀传统文化。丹棱县围绕"大雅艺术节"等传统文化艺术活动，深入提炼以大雅文化为代表的优秀传统文化精神标识和文化精髓，大力弘扬"事在人为，为而不难"的为学精神，积极引导文化院坝用老百姓喜闻乐见的文艺形式开展民间文化艺术创作，编创了《乡村振兴打胜仗》《黑恶势力全扫除》《为学精神万古流芳》《为学赞》等一系列导向好、能量正、接地气的文艺作品，用快板、相声、小品、歌曲、舞蹈等方式颂"古贤"、引"今贤"、育"新贤"，广泛开展群众宣传教育活动。在文化院坝开展以"大雅风韵"为主题的书画、摄影作品展，诵读《圆梦大雅堂》《唐庚诗百首赏析》等文化丛书，展演非物质文化遗产节目和传统民俗节目，活动现场不仅能听到笑声、掌声、欢呼声，还能听到农民群众的心声。二是培育乡村文化能人。丹棱县以建设民间众筹文化院坝为载体，培育出了全国优秀文化志愿者王作平等一大批文旅能人，通过发挥文旅"大能人"的头雁效应，吸引带动更多"小能人"，全县培育出文旅能人560人、队伍100支、爱好者2800人、志愿者360人。通过文化能人的示范引领，在润物无声中培育文明乡风、良

好家风、淳朴民风。三是保护利用农耕文化。坚持形神兼备，推动农旅结合、文旅融合，打造文化产业"一村一品""一村一韵"，将乡村文化振兴和乡村经济发展有机结合起来。例如，峨山老窖白酒文化大院衔接了农民文化活动和当地白酒酿造产业；盆景园文化大院聚焦乡村旅游发展；金藏唢呐文化大院有效会聚农村唢呐爱好者，传承唢呐传统文化等。丹棱县先后推出"梅湾湖·幸福古村质朴原乡农耕文化体验游""古井3D动漫田园诗画亲子游""大雅文化研学游"等特色文化旅游线路，打造了"幸福公社""南山农家农耕""小桥兴农农耕"等一批农耕文化院坝，塑造出"望得见山、看得见水、记得住乡愁"的乡村意境，把文化资源的"原生矿"变为文化产业的"金名片"。2019 年 6 月，在联合国教科文组织主办的"历史村镇的未来"国际会议中，幸福古村成为与会各国研究古村落发展的样本。

在丹棱引导民间众筹文化院坝的过程中，我们深刻感受到，产业发展是基础、农民主体是核心、政府引导是关键。第一，产业发展是丹棱乡村文化院坝建设的基础保障。经济基础决定上层建筑，可以说，农民经济收入情况与文化意识觉醒呈现出正相关关系。作为西南地区典型的丘陵县，丹棱县的基本县情是"总量小、财力弱、不平衡、欠发达"，具备所有普通农业大县的特征，即短在工业、弱在三产，财政收入低，呈现出"小城市、大农村"的特点。丹棱历届县委、县政府高度重视"三农"工作，把农业农村放在优先发展的位置，坚持工业农业一起抓、城市农村一起抓。近年来，丹棱县在农业产业现代化转型、农村精神文明建设与社会治理创新、农村生态环境保护以及农民增产增收等各方面取得了显著成效，"果桑茶林"四大特色经济作物超 50 万亩，粮经比例领先全省；丹棱是全国唯一的"中国橘橙之乡"和全国最大的优质"不知火"生产基地，"丹棱橘橙"的品牌价值超过 40 亿元；丹棱农村居民人均可支配收入超过 1.6 万元，农村 80％是楼房，几乎每 10 人拥有 1 辆小汽车，41％的农户拥有空调，44％的农户使用互联网电脑，80％的家庭拥有互联网手机，是"全省农民增收工作先进县"，"长在农业、优在生态"已成为丹棱的县域特色。只有在"钱袋子"鼓起来的前提下，农民群众才有更多的时间和精力追求更高层次的精神文化生活，这是丹棱乡村文化院坝受到追捧的根本原因。每逢夜幕降临时，村民们就来到文化院坝登台秀艺，"载歌载舞"代替了从前的"喝酒打牌"，农村呈现出"文化活动天天有，精彩表演月月有，主题会演年年有"的情景。第二，以农民为主体是丹棱乡村文化院坝"火"起来的核心要素。民间众筹文化院坝，生发于民间，植根于群众，从自编自导自演到自我教育、自我管理、自我服务，农民群众是乡村文化院坝的"主人"、是民间文艺节目的"主角"、是群众文化活动品牌的"主心骨"、是乡村文化产业的"主力军"。农民以自身实际行动，找到了乡村公共文化服务的支点。文化院坝以农民为主体，开展农村公共文化活动，加强农村思想道德建设，传承发展农村优秀传统文化，满足了农民的文化需求，保障了农民的文化权益，进而有效破解了乡村公共文化活动人气不足、乡村文化产业缺能人、缺内涵、缺动力的问题。第三，政府引导是乡村文化院坝持续健康发展的关键力量。政府引导侧重于三个层面：其一是政策引导，包括领导重视、出台文件等。丹棱县抓住发展契机，因势利导，制定了一系列相关文件，为民间众筹文化院坝提供了有力的政策支撑。其二是活动引导。通过"大雅新农民·快乐新农村""党群集中活动日""乡村春晚"等活动，调动好包括农民在内的社会多元力量兴办民间文化活动的积极性，鼓励文化院坝以"自筹资金、自行组织、自我管理"的方式开展乡村文化活动，为民间众筹文化院坝提供了有力的活动支撑。其三是业务引导。集聚整合社会资源为文化院坝开展业务辅导，鼓励文艺团体、文化馆所对农民群众开展文化艺术知识普及和表演指导，将文化下乡与乡下文化相结合，将农民观看文化演出与农民参与文化演出相结合，挖掘和培养本土文化人才，为民间众筹文化院坝提供有力的业务支撑。

三、丹棱民间众筹文化院坝的理论启示

丹棱县在推进乡村文化振兴的过程中，积极探索文化院坝产品供给，推进民间众筹文化院坝可持续、高质量发展，初步形成了培育社会多元主体推动农村公共文化服务下沉的实践经验。由此引发的思考是：这种以民间众筹文化院坝为载体的乡村公共文化空间建设，在全面推进乡村振兴的背景下具有怎样的社会文化意义？这种以农民自发为肇始、政府引导为推动的乡村公共文化空间建设实践，在国家文化建设总体框架下有怎样的理论启示？丹棱民间众筹文化院坝与浙江农村文化礼堂、南方多地兴建的乡贤馆等公共文化空间在发展路径、运作模式、制度背景和社会文化功能等方面基本相似，通过对丹棱民间众筹文化院坝实践经验的研究，可以窥探以多元主体推进乡村公共文化空间建设的情况，从而避免了纯粹个案研究的局限性。

顾名思义，民间众筹文化院坝主要源于群众自发、社会众筹，地方政府一开始并没有将其作为一项文化工程进行建设，在自主运行一段时间并产生一定社会效应之后，地方政府总结推广其经验做法，并将其列入乡村公共文化服务体系建设，进而成为乡村文化建设的重要部分。在这一过程中，农民的文化表达和国家话语有机融合在一起，社会力量在政府引导下有效凝聚起来，农民参与乡村文化建设的主体性得以有效激活，文化院坝由此进入乡村社会关系的再生产，不仅促进了乡村文化建设，也为进一步加强党的基层文化领导权提供了思考和启示。

（一）政策赋权与认同：官方话语体系与民间话语体系交织融合

赋权是通过法律、法规、制度等方式赋予一定对象以维护自身权利的能力。阿玛蒂亚·森在《以自由看待发展》中提出，贫困的实质不是

物质资料的匮乏，而是可行能力和自由的匮乏，根源在于权利丧失。全面实施乡村振兴战略，各级政府是宏观政策的提供者和微观政策的执行者。从丹棱民间众筹文化院坝的实践来看，政策赋权促进了农民自我身份认同、激活了农民主体性，进而实现了官方话语体系与民间话语体系相互交融。

推进乡村文化建设，要充分认识文化建设在特定语境下被赋予的特定政治功能。毛泽东同志指出："一定的文化（当作观念形态的文化）是一定社会的政治和经济的反映。"[1] 可以说，没有完全超越政治和意识形态的文化，任何时期任何形态的文化一定会受到当时的政治制度、政治力量、意识形态等方面因素的影响。[2] 新时代，乡村文化建设必然在国家制度设计的刚性逻辑下，接受国家政治话语和政治任务的双重驱动。新中国成立后，随着国家政权的下沉，国家政治话语嵌入乡村社会之中，"乡村不再是仅仅强调血缘与地缘存在的生活共同体，而是地方文化与国家权力共同影响下的政治共同体"[3]。乡村文化产生于乡土性的社会空间、生活场景和生产生活方式，蕴含着深厚的风土人情、民俗民约、价值取向。改革开放以来，我国经济社会快速发展，城镇化持续加快推进，取得了令人瞩目的成就。但是，城乡二元结构矛盾突出，城乡经济差距拉大，城乡关系一度从分离走向对立，农民普遍面临竞争力弱化、经济社会地位偏低、基本权益得不到充分保障等问题。例如，在社会保障、社会福利和公共服务资源等方面，城市普遍长期优于乡村，且城乡差异较大。这种政策、资源上的明显倾斜，必然造成城乡居民在权利、义务和心理上的差异。从这个层面来说，公共政策的充分赋权是缩小城乡居

---

[1] 《毛泽东选集》第 2 卷，人民出版社 1991 年版，第 663 页。

[2] 张其学：《文化殖民的主体性反思——对文化殖民主义的批判》，北京师范大学出版社 2017 年版，第 12 页。

[3] 路璐、朱志平：《历史、景观与主体：乡村振兴视域下的乡村文化空间建构》，《南京社会科学》2018 年第 11 期。

民心理距离、提升农民身份认同的重要方式。新时代，中华民族已经迎来从站起来、富起来到强起来的伟大飞跃，相应地，乡村文化建设也进入了与之相应的历史方位。这就要求地方政府高度重视乡村文化领域的政策赋权，更好地满足农村群众文化需求，引导乡村文化在国家话语体系下持续健康发展。

一是乡村文化领域的政策赋权，建立在对乡村传统文化价值充分认同的基础上。我国自古以来就有"劳心者治人，劳力者治于人"的思想。新中国成立以来，农民成为不同时期中国社会变革和农村经济社会发展的缩影。从 20 世纪 50 年代的欢欣鼓舞、六七十年代的激情豪迈，到八九十年代的"边缘化"及 21 世纪以来的迷茫与坚守，在官方话语体系中，农民逐渐成为国家发展进程中的"落后分子"，是被帮扶、被关爱的对象。在改革开放以来的诸多文学作品中，农民被描绘成"无知""愚昧""蛮横"等刻板形象，"三农"被塑造成"落后""弱势"等典型印象，与之相对应的是城市和城里人的"现代化""潮流""时髦""先进"等，充分展示出农村视角的自卑感与城市视角的优越感。这样的社会语境，造成了农民对自我身份的深深怀疑、对自身文化的严重失语、对前途命运的悄然迷失。对于大部分农村家庭来说，不管是中青年，还是对下一代，大家共同的职业期待是进城谋生而不是在家务农，在很长一个时期，"跳出农门"是众多农村人的精神渴求。在这样的背景下，农村"空心化"越来越突出，留守农村的妇女、儿童、老人等特殊群体显然无法担负起文化建设的重任。在公共文化服务方面，地方政府一度侧重于城市文化"居高临下"的"单向输入"，送文化下乡成为惯性思维和规定动作。

但是，在实际推进过程中，城市文化单向度的嵌入，并没有取得实质性成效，热闹之后的"散场"犹如蝉蜕之后留下的空壳，难以真正走进农村群众的日常生活，更不可能凝聚起农民群众精神文化生活的内核。

乡村文化经历着传统文化与现代文化、纯粹文化与商业文化、本土文化与外来文化等多种因素的共存和相互影响。[①] 乡村振兴,在某种程度上是乡村价值的振兴,其前提是对乡村价值的全面认可和激活,传统文化价值是其中的重要内容。党的十九大报告提出"坚守中华文化立场"这一重要文化命题,强调中国特色社会主义文化源自中华优秀传统文化,这就要求注重传统村落保护发展、传统工艺传承振兴,这都反映出党和国家对文化自觉的深化、对文化自信的引领,体现出乡土文化在中国特色社会主义文化建设中的重要地位。从丹棱民间众筹文化院坝的文化生产实践来看,农民自发的文化活动,较好地促进了乡村文化的"再生产",在传承优秀传统文化的基础上赋予乡村文化新的时代内涵,体现了国家话语嵌入乡土社会过程中对传统乡土文化的更新,在推进乡村文化振兴中发挥了重要作用。

二是乡村文化领域的政策赋权,体现在对乡村公共文化活动的支持保障机制上。以民间众筹文化院坝为代表的乡村公共文化活动民间场地,在群众自发建设阶段,其数量、规模和辐射作用都十分有限。对于民间发起者而言,受制于有限的自我组织能力、财力、物力,面临持续发展动力不足的挑战。例如,作平文化大院在发展过程中就遇到了自我造血功能不足、个人资金瓶颈等问题。这就需要地方政府建立长效机制,促进乡村文化空间持续健康发展,为乡村文化活动注入生机活力。主要做法有:吸引企业等多元力量参与乡村文化建设,探索以产促文等发展路径,支持文化院坝可持续健康发展;挖掘、培育本土文化人才,不定期开展民间文化活动;以评促建,引导民间众筹文化院坝分类发展,以产业支撑获得文化院坝发展的持续动力,反哺乡村文化建设。在此过程中,

---

① 陆益龙:《农民中国——后乡土社会与新农村建设研究》,中国人民大学出版社 2010 年版,第 146 页。

一些文化院坝找到了自身发展的路径，农村群众参与文化建设的内生动力被充分激活。对于民间文化活动，基层政府并非简单的限制、约束或默许，而是在支持群众活动的基础上积极引导，将国家意识形态融入民间社会之中。从丹棱民间众筹文化院坝的发展脉络中，我们可以清晰看到，官方话语体系通过衔接民间话语体系，形成一种通俗易懂、接地气的文化表达，最终体现出国家文化治理的现代化。这里说的官方话语体系，更多是指传递政党的主张、体现国家意志的治理者话语体系。民间话语体系，则是一种稳定存在于人民群众之中的表述系统，侧重于群众喜闻乐见、易于接受的表达。官方话语体系与民间话语体系的交织融合，有助于营造和谐友好平等的对话环境，进而更好地推进乡村文化的创造性转化、创新性发展。在全面推进乡村振兴的大背景下，民间众筹文化院坝成为有效联结国家与农民的"中间组织"，在地方政府的引导、支持和赋权之下有序发展，有效推动了乡村公共文化繁荣，有力促进了乡村文化振兴，也在一定程度上解决了党的基层文化领导权问题。

（二）社会互构与适应：多元力量参与下的乡村公共文化空间重建

社会互构论的核心观点是"社会互构共变"，强调社会实践活动中个人与社会这两大行动主体间的"多元互构、并立共变"关系。其中，互构指社会关系主体之间的相互建塑与型构关系，共变是社会关系主体在互构过程中的相应性变化状态。① 乡村公共文化空间重建的过程，伴随着地方政府、企业、社会组织和村民群体等多元力量的相互作用、动态建构。这一过程不是静态的、单向的，而是在不同的互动情境中不断包容差异和冲突，实现多元主体间的互构与适应，呈现出动态演化、合作

---

① 郑杭生、杨敏：《社会互构论：世界眼光下的中国特色社会学理论的新探索》，中国人民大学出版社 2010 年版，第 198—199 页。

博弈等特征。

马克思指出，空间是一切生产和一切人类活动所需要的要素。[①] 空间作为人类生产生活的基本要素，是物质地、实践地走进人类社会的。人类的实践与交往活动、社会关系、精神文化生活，在历史自然的物质化空间产生的同时，又不断塑造着空间。[②] 这就是说，空间既是自然历史的物质形态的存在，也在人的实践活动中发生了由自然向社会、由物理空间向人文空间的转化，成为催生和理解社会关系的重要场所。乡村公共文化空间是乡村人际交往、文化活动的主要场所，既包括村民在日常生产生活中自发形成的晒场、院坝、集市等内生性公共空间，也包括行政干预下规划建设的村民活动中心、文化书屋、农民夜校等外源性公共空间。作为村民参与文化活动的重要场所，乡村公共文化空间着力于"以文化重塑空间，以空间建构文化"，在培育乡村公共精神、凝聚乡村公共价值、塑造乡村公共秩序等方面发挥了积极作用。

首先，乡村公共文化空间重建过程是社会多元力量相互建构的过程。乡村公共文化空间重建，需要地方政府充分发挥组织、协调和推动作用，汇聚社会多元力量参与，深化各类资源要素合作。这就是说，既不能一味依赖地方政府而忽视了乡村内生动力，也不能单纯依靠农民主体而忽视了多元主体建构，而要以政府为引领，推动政府、农民与外部多元主体的协同互动。一方面，要引导乡村合作组织发展，提升农民组织化集体化行动能力。把乡村的风土人情、名胜古迹、特色特产等文化资源有机串联起来，挖掘乡村文化内在价值，加深群众的文化认同，在产业发展中融入乡村特色文化元素，推动乡村文化事业与文化产业并驾齐驱。培育公益性的互助组织，提升农民互助意识和组织合力，打造以农民为

---

① 《马克思恩格斯选集》第2卷，人民出版社1995年版，第573页。
② 胡潇：《空间的社会逻辑——关于马克思恩格斯空间理论的思考》，《中国社会科学》2013年第1期。

核心的乡村利益共同体，促进农村政治、经济、文化和社会资源的总动员，改变农民"离散化"状态。另一方面，要动员和鼓励企业、民间团体等社会力量参与，形成多元主体协同发力的格局。政府要从过去的管理思维转变为治理思维，联动社会多元力量，培育自我组织、自我发展、自我服务的乡村公共文化建设力量。从丹棱民间众筹文化院坝的发展实践中，我们可以清晰地看到，农民的自发尝试在政府的组织化引导下形成了良好发展态势，众筹文化院坝则为社会力量协作提供了平台载体。随着地方政府的关注，文化院坝被列为农村公共文化服务项目，并以"众筹"理念广泛动员社会各界力量，引导多元主体参与农村公共文化服务，促进农民文化院坝建设主体、建设方式和资金投入多元化，平常的农家院坝被打造成乡村文化建设的空间阵地，形成社会力量参与公共文化服务的框架体系和方法路径。主要方式有：引导农民将自家住房和院坝改造为乡村文化活动的场所，向群众免费开放；引导热心群众和爱心企业为文化院坝捐赠音响、乐器、道具、服装、图书等，赞助文化院坝组织文化活动；出台政策文件，鼓励企业结对帮扶文化院坝，在文化院坝开设免费的文化活动室、功能室；鼓励文化院坝多元发展，以"产业＋""治理＋"增强文化院坝自我造血功能，以乡村产业发展反哺乡村文化活动，以文化活动促进乡村治理"三治融合"；多元社会力量在推进乡村公共文化空间建设过程中不断对接、调整、重塑与适应，形成正向发力，为文化院坝的建设发展注入持续动能。总体来说，在乡村公共文化空间重建的过程中，地方政府通过出台支持政策、搭建合作平台、建立结对帮扶、形成共赢机制等方式，引导社会多元主体关注、参与其中，以多元力量协作实现彼此之间的相互调节和适应，进而有效解决移动互联网时代农村文化娱乐活动"边缘化""原子化"问题。

其次，乡村公共文化空间为村民社会交往和文化参与搭建了交互平台。哈贝马斯提出的"公共领域"强调公民参与，侧重于不同个体在同一地点进行平等对话。"公共领域"在社会生活空间中最大限度地确保了公民的表达权，具有明显的社会交往属性。公共空间是中国社会语境下对公共领域的另一种表述。改革开放以后，市场经济快速发展为公民参与和公共空间发展创造了前提条件。"一方面，国家逐步放弃或退出了某些领域而在相当程度上交由市民社会自行管理，逐渐生长起来市民社会开始拥有了自己的行动空间；另一方面，市民社会日渐获得自身的独立性与自主性，可以经由各种合法手段而扩大自身的生存空间并开始有意识地与国家讨价还价以进一步改变自己的生存环境。"① 公共空间让所有利益相关者的平等协商成为一种可能，有力推动了公民的政治参与和文化参与。乡村公共文化空间亦是如此。过去很长一段时间，城乡发展不平衡突出，生产生活要素从乡村到城市的单向流动局面难以改变，传统意义上的公共文化空间逐渐从历史舞台上消失，农民离土愿望强烈，对乡土文化的认同被概念化、模糊化。乡村文化建设则在一个时期内普遍表现出急功近利的心态，"文化事业"城市化推进，"文化产业"过于放大了文化的经济属性，"文化搭台，经济唱戏"成为多地推动经济发展的着力点。换言之，文化在很大程度上成为经济的辅助工具，在不同程度上形成了对传统乡土文化的冲击和异化。农民群众精神文化生活匮乏，几乎没有能参与其中的文化活动，农忙时劳累，农闲时无趣，农村生活非常枯燥，精神文明建设缺少活动载体，实质上无从谈起。无论是农村文化礼堂，还是农民文化院坝，无不脱胎于农民自发性的文化活动实践。丹棱作平文化大院作为民间众筹文化院坝的源头，就是将农村零散的公共文化空间固定下来，通过自家院坝这个空间载体，汇聚了不同种类的民间文化表现方式，为村民提供了自我展示、文化

---

① 邓正来等编《国家与市民社会——一种社会理论的研究路径》，中央编译出版社 2006年版，第 333 页。

表达、意见交流、社会交往的互动平台，提供了松散而有温度的活动场所。随着国家权力的介入，这些公共文化空间的组织动员能力不断增强，不仅击中了群众文化需求的痛点，还以文化活动助推了产业发展，服务于群众的生产生活，成为传统公共文化服务的新补充、乡村产业发展的新势能。

（三）农民主体与自觉：在乡村文化实践中激发农民主体意识和主体能力

主体是认识和实践活动的承担者。马克思主义主体性理论认为，人和主体并不完全等同，并非每一个人都是现实的主体。只有当人具有主体意识、主体能力并现实地作用于客体的时候，才可能成为活动主体，具有主体性。根据马克思主义哲学关于事物发展变化客观规律的论述，推动事物发展变化的根本原因是内因、外部条件是外因，外因只有通过内因才能真正发挥作用。乡村是具有自然、社会、经济特征的地域综合体，兼具生产、生活、生态、文化等多重功能，与城镇互促互进、共生共存，共同构成人类活动的主要空间。① 乡村文化振兴，既要把乡村文化作为一种促进乡村发展活力释放的资源要素，建立起文化与地理环境、经济产业、制度政策之间的有机衔接，又要回归以人为本满足美好生活向往的价值原点，最终建构起乡村文化振兴的逻辑框架。② 在乡村文化建设的多元主体中，农民是乡村文化的传承者、创造者和受益者，是乡村文化建设的核心主体，是推动乡村发展变化的内因，政府、企业等其他主体是作为推动力存在的外因，必须通过农民这个内因才能产生作用。只有引导农民主动参与到乡村文化建设中，最大限度地调动农民群众参

---

① 《乡村振兴战略规划（2018—2022 年）》，人民出版社 2018 年版，第 3 页。
② 翟坤周：《后全面小康时代乡村振兴的"文化想象"：意蕴、场景及路径》，《北京行政学院学报》2020 年第 6 期。

与乡村文化建设的积极性和创造性，乡村文化建设才能起到预期效果。因此，推进乡村文化振兴，一定要遵循乡村文化发展规律，充分尊重农民意愿，有效激发农民主体意识，让农民在乡村建设过程中有意愿、有能力发挥主体作用，进而保障农民的文化参与权、选择权、监督权，增强农民文化参与的积极性和创造性。当然，农民主体性不仅包括农民个体作用发挥，还包括农民组织化的建构与动员，充分发挥村委会、农民团体、民间组织、非遗传承人等主体力量的作用，打造以农民和农民组织为主、地方政府部门为辅、多元力量共建的乡村文化建设机制，不断满足人民日益增长的美好生活需要，让农民感受到更多更实在的文化获得感和幸福感。

　　推进乡村文化振兴的过程，就是提高农民主体性、深化文化认同、增强文化自信的过程。那么，何为农民主体性？主体性是作为主体的人，在实践活动中体现出来的自主性、能动性和创造性。所谓农民主体性，就是尊重和保障农民在经济、社会、政治、文化等方面的主导权、参与权、表达权和受益权等。坚持农民在乡村文化振兴中的主体性，就要充分结合乡村生产生活实际，引导农民主动思考乡村文化活动、积极参与乡村文化实践、不断推进优秀传统文化的创造性转化和创新性发展。主体性的关键是权利和能力问题，至少要从主体意识和主体能力两个层面来理解。主体意识强调主体的自我意识，是人对于自身的主体地位、主体能力和主体价值的一种自觉意识，是主体发挥主观能动性的重要前提。[①]如果说主体意识侧重于作为主体的人在思想层面的深层激发，那么主体能力就更加强调行动能力的全面提升。主体能力是主体认识和改造客观世界的主观条件和内在力量，主体能力随着实践活动和实践条件的发展而不断提高。在过去很长一段时间，农民在乡村文化建设中处

---

① 王慧娟：《当代中国农民主体意识探析》，《青海社会科学》2018 年第 2 期。

于主体缺位和集体失语的状态，农民基本文化权利几乎没有得到应有的保障，农民的话语权几乎没有得到应有的表达，农民的主体作用更不可能得到充分发挥。这样的主体性困境，既表现为主体意识的明显缺位，也体现为主体能力的严重短板。这固然和新中国成立以来城乡关系的阶段化特征密切相关，也是由当下农村不合理的人口结构和制度设计决定的。农民主体性的核心是"还权赋能"，不仅要增强农民的主体意识，赋予农民相应的政治权利、社会权利、文化权利、市场权利，还要提升农民的主体能力，培育农民参与乡村建设各项事务的能力。只有"还权"和"赋能"并举，才能真正破解农民主体性缺失的问题。丹棱民间众筹文化院坝，在培育农民文化主体性方面作出了积极尝试和有益探索。

一方面，众筹文化表演有效激发了农民参与乡村文化建设的主体意识。农民的主体意识包括自主性、自觉性、积极性与创造性四个层面的含义。这四个层面密切关联、螺旋递进。自主性意味着农民有了独立、自由、自决支配文化生活的可能。自觉性就是清楚自身的文化来源、文化特性和文化价值，在外来文化冲击时进行自觉的文化选择。"文化自觉"的目的是"文化主体性"，即对现代化的"自主的适应"，[①] 自觉性意味着农民从过去的单向、被动接受转变为主动参与、共建共享。自主性和自觉性是农民发挥积极性、创造性的前提条件，创造性是自主性、自觉性、积极性最高层次的表现，体现出农民对乡村文化建设的能动性超越。在丹棱民间文化院坝的实践案例中，我们可以看到众筹文化表演在农民主体意识激发上的积极作用。不管何种类型的文化院坝，都要以众筹的方式开展文艺演出，定期组织排练，不定期进行表演，农民约定时间共同参与排练和表演。在一定程度上，文化表演深化了农民对乡村

---

① 费孝通：《对文化的历史性和社会性的思考》，《思想战线》2004 年第 2 期。

日常生活和传统价值的理解。美国民俗学家理查德·鲍曼认为："文化表演为一个社区的个体成员提供了特定的机会，使他（她）可以担当不同于日常生活的特殊表演角色，从而获得对日常生活中的自我更强、更深的确认。文化表演所强调的重点，就是这些角色的扮演，就是社会性的实践及这种实践的重复。"[①] 文艺表演的过程，在某种程度上就是运用象征手法透视现实生活的过程，流露出个体与社会所建立的价值认同。作为独立的个体，人们总是一边从千百年来的历史文化传统和祖辈的言传身教中领悟道理，一边从现实生活和文化艺术活动中获取道理。然而，中国近代以来开展的乡村建设运动深受西方现代化思潮的影响，新中国成立以后城乡关系不平衡在较长一个时期客观存在，现代城市文化蜂拥而至，传统乡土文化没落凋敝，越来越多的农民在卷入现代化的进程中不知所措，他们中大多数人没有足够的理性反省和反思能力，有的对外来文化"全盘接受"，盲目跟随现代文化潮流，缺乏对异质文化的反思和吸纳；有的对现代文化"全盘否定"，拒绝接受并否定一切外来的、西化的、异质的现代文化。在乡村文化建设上，农民基本处于被动地位。在这样的背景下，基层政府既要为农民提供接纳多样文化的公共空间和平台载体，还要让他们有提升文化反思和吸纳能力的渠道。近年来，不少农村或新建了乡村礼堂、文化礼堂，或把过去的祠堂改造为文化礼堂等，但是这些公共文化空间的实际利用情况参差不齐。丹棱民间众筹文化院坝的亮点在于，利用农家院坝建空间只是第一步，关键是将农民日常生产生活实实在在地融进了文化院坝常态化的文化活动，并吸纳外部社会组织给予资金、专业等方面必要的帮助，从而使文化院坝获得了持续的生命力。通过搜集整理文化院坝组织的文艺演出节目清单，不难发现，

---

① 理查德·鲍曼：《作为表演的口头艺术》，安德明、杨利慧译，广西师范大学出版社2008年版，第90页。

除了重新演绎传统剧目和经典作品，几乎每个文化院坝都会与时俱进创编新曲、新剧、新小品等新节目。在这些节目中，农民群众将文化表演和主流价值充分融合对接，用自己喜闻乐见的形式去阐释、宣传党和国家的政策，将仁、义、礼、智、信、忠、孝、节、勇、和等传统价值观念，与社会主义核心价值观有机结合在一起，搭建起传统与现代对话、城市与乡村互动的平台，塑造了一种新的价值理念。这些节目创编和表演，既彰显了民间智慧的迸发和凝聚，也强化了农民在"文化再生产"过程中的主体意识。

另一方面，众筹文化活动有力提升了农民参与乡村文化建设的主体能力。乡村文化振兴不仅与农民的主体意识密切相关，还与农民的主体能力密不可分。如果农民只具备主体意识而缺乏文化参与能力、文化创造能力，就不可能真正成为乡村文化建设的主体力量。[①] 从丹棱民间众筹文化院坝的实践来看，民间自办文化活动是培育农民文化建设主体能力的重要渠道。与"送文化下乡"等官方活动相比，民间众筹文化活动体现出内容上的贴近性、组织上的灵活性和对话上的平等性，深受群众喜爱。民间众筹文化活动至少要具备三个条件：活动场地、活动组织和人才队伍。首先，众筹的民间文化场所，不同于官方布局的文化阵地建设，农民得以充分参与基础设施建设的全过程。农民主动将自家院坝这种具有私人属性的空间共享为具有公共属性的文化活动空间，本来就体现了农民文化参与意识的觉醒和文化服务能力的先天优势。众筹的文化场地，如何实现可持续发展？资金是首要问题。作平文化大院在发展初期，面临的最大问题就是资金的可持续性。发展中的问题最终只能依靠发展来解决。地方政府的支持、引导，为民间文化场所提供了持续发展的基本条件。但是，当更多的文化院坝建立起来的时候，发起者们非常

---

① 赵梦宸：《以农民为主体推动乡村文化振兴》，《人民论坛》2019 年第 11 期。

清楚，单一依靠政府力量难以解决全部资金问题。于是，我们在丹棱实践中看到了"文化＋产业""文化＋治理"的多元化探索，在文化与产业的融合中，农民群众精准找到了乡村文化振兴和乡村经济发展的衔接点，实现了以产业增收反哺文化活动，推动了文化院坝与乡村产业的良性发展，大大增强了公共文化事业的生命力。其次，众筹文化活动，要依靠农民群众自我组织、自我管理、自我服务。众筹文化活动的过程，就是有效组织发动农民群众参与的过程。乡村社会对国家文化秩序并非被动接受，而是在文化再生产的过程中进行能动的获取和创造。农民群众的文化再生产，创造性地将传统与现代结合起来，将上一代的集体记忆与当前乡村文化实践联系起来，推进了乡村秩序和文化价值重建，体现出鲜明的在地性、灵活性与创新性，形构了当代农民对农村文化价值困境的自觉探索。这种在乡村文化活动中迸发出来的自主性文化力量，成为乡村文化再生产的内在动力，使乡村文化在新时代焕发出全新的生命力。众筹文化活动，还有助于培育乡村文化消费市场，推进乡村文化区域协同发展。乡村文化活动的繁荣兴盛，还在增进文化互动的同时，拓展了社会互动，进一步建构了乡村共同体意识，弥补了市场经济带来的经济理性和情感疏离。最后，在文化活动中发现人才、培育人才，充分激发乡村文化人才活力。农村"空心化"必然带来农村精英人才的流失。推动乡村文化振兴，人才是重要支撑。如何挖掘、培育、用好、盘活乡村文化人才，是乡村文化建设中的重要课题。我们看到，丹棱民间众筹文化院坝的发展过程，也是挖掘和培育乡村文化人才的过程。全县涌现出以王作平为代表的一批乡村文化能人，建起了一批草根文化组织，形成了包括文旅能人、文艺组织、文化志愿者在内的乡村文化人才队伍。可以说，乡村文化活动是乡村文化人才的孵化器。通过民间自办文化活动，充分发掘乡村文化能人、乡村文艺爱好者、乡村文化志愿者。在此基础上，将一批积极性高、有组织能力、有创作功底、有文艺特长的文化能人、文艺爱好者纳入县域文化人才培养计划，在场地布置、活动组织、节目编创、文艺演出等方面进行专业辅导，使农民文化院坝能够独立开展群众性文艺活动，留住有形的乡村文化，传承活态的乡村文化。因地制宜地培养乡村文化人才，重点培育一批乡村文化领军人物，完善乡村文化人才激励机制，优化分层分类教育培训机制，发挥乡村文化人才的示范引领作用，充分凝聚乡村文化建设的内生动力。

|第三章 多元参与：培育新型民间
文化组织的珙县经验

以乡村文化振兴为核心取向的乡村文化建设，在国家治理体系和治理能力现代化的战略视野下，必然关涉文化体制改革。深化文化体制改革，就必须推动政府及其文化部门由"办文化"向"管文化"转变。针对近年来部分农村基层文化站管理缺人才、服务不人性化、设施设备闲置、群众主体地位不突出，个别地方存在的"有站无人"的"空壳站"，各级拨付的免费开放和农村文化专项资金没有充分发挥效益等问题，宜宾市自 2014 年以来在珙县试点推行了农民文化理事会机制建设，从根本上保障了群众文化权益，调动了群众参与的积极性、主动性和创造性，探索出了一条以多元参与为主要特点的、符合农村基层实际的现代公共文化服务体系建设之路。

一、珙县农民文化理事会的缘起

珙县县域面积约 1150 平方千米，辖 10 镇 3 乡，总人口约 43 万人。2012 年，县委、县政府作出了《关于加快建设文化名县的决定》，提出了实施"五大行动"、打造"四大品牌"、推广"七大名片"的文化发展战略，有力地推动了全县公共文化服务体系建设。但受种种条件和因素制约，基层文化站管理缺人才、制度不健全、服务不人性化、群众主体地位不突出等问题客观存在，文化惠民的作用没有充分发挥。针对这些问题，为落实中央要求，满足群众日益增长的文化需求，2014年以来，在省、市各级领导的指导下，珙县探索试点农民文化理事会机制建设，引导群众在公共文化服务中参与决策、参与管理、参与活动、参与监督，取得了积极的成效。

（一）珙县农民文化理事会的"凤凰"起源

珙县农民文化理事会的雏形，出现于辖区内玉和苗族乡凤凰村。凤凰村位于珙县中部，是川南地区的一个小村落。凤凰中心村组所在的凤凰福居，是2013年新农村建设中重新规划的聚居点，还有两个村组还在岩下。全村共计1280人，其中苗族896人，占比70%；汉族384人，占比30%，是一个典型的苗汉杂居的村落。从发展条件上看，凤凰村离县城珙县尚有45公里，离宜宾市尚有90公里，既不具备靠近大城市的地缘优势，也不具备分享城市辐射效应的先天优势。同时，该地既没有独有的矿藏等资源，也没有历史遗留下来的丰厚集体资产，更享受不到城市扩张过程中的土地增值效应。虽然苗族人口较多，但没有贵州苗族聚居村寨的文化聚集效应。一句话，这是一个散杂居的非典型苗族村寨。

2003年，为了切实提高本村梨子产业的综合效益，村支书和村主任决定在梨花开放的时候举办一次文艺活动，把村民们组织起来，吸引更多的人来观赏梨花，给村里增添些人气，同时也可以鼓励更多的村民栽种梨树，促进村里的产业发展。苗族是一个能歌善舞的民族，其传统节日花山节、苗年节等都是苗族同胞们欢聚一堂、载歌载舞的盛会。按时任村主任的说法："我们当时就想搞个活动，闹热一些，人嘛多少有点想法，一来大家可以卖点茶水、小吃，二来也让村头的其他人看看，看到这个梨子花开得这么好，也鼓励人多种些梨子。"虽说平时苗家人唱歌跳舞不是啥难事，但这毕竟是较为正式的活动，还是得有一定的样子。从来没有组织过大型演出的村支书和村主任，就到本村小学找了老师来帮忙编排，又动员了一些文娱积极分子。通过全面发动，找了二三十个人，主要是一些在家的妇女，还有刚从学校毕业的年轻姑娘和小伙，每天利用晚上的闲余时间组织排练，排练了10多个节目，主要是一些苗族的传统歌舞。演出当天来了很多人，当时村里基础条件比较差，活动场地选在一块刚收完庄稼的田头，但是大家的热情都很高。虽然是第一次举办这种活动，但是这个活动办得还是很成功的。

第一次梨花节可以说是取得了不错的效果，达到了扩大宣传的目的，2004年又举办了第二次梨花节，但由于当时村里基础条件太落后了，而且缺乏资金，凤凰村的梨花节只办了这两届，从2004年之后就中断了，直到2013年"凤凰苗寨"修建起来才再次重启。"凤凰苗寨"是通过省财政新村项目建设的聚居点，配套建设了一个文化活动广场，这个广场为村里开展文化活动提供了场地，极大地方便了村里举办一些大型的节庆活动。2014年，当时村里的梨子种植已经达到一定规模，并且品质很好，就想再搞一次文化活动把产业带动起来。于是村干部们又想到一个主意：再举办一次"品梨节"吧，宣传一下凤凰的梨子，或许还能吸引一些人来买我们的梨子。

有了前几次的成功经验，村干部和村内的文娱骨干也都相当有信心办好这次文化活动。因为前几次来的人很多，不仅有本村的，还有邻村的、周围其他乡镇的，甚至还有县城的人来。这次举办"品梨节"，大家的干劲更大，投入也更大，除了文艺演出，还包括梨子品尝、吃梨比赛、篝火晚会、烧烤大会、梨王争霸赛等趣味活动，以及扭扁担等苗族传统竞技比赛，比之前活动丰富很多。

按当时的主办者说："办第一届品梨节的时候，我们当时宣传也做得比较好，活动当天大概来了两三万人，人非常多。""品梨节"持续一周，每天都安排了不同的活动内容。这期间向游客提供有偿服务，也就是每人10元就可以享受座席、茶水、水果等服务，每人25元就可以品尝当地农村特色长桌宴。活动内容和形式都很贴近村民们的日常生产和生活，具有浓厚的民族文化特色和乡土特色，大家参与的热情都非常高，能歌善舞的人可以走上舞台尽情展示自己；种梨大户可以借此机会宣传销售自家的梨子，其他村民也可以通过提供有偿服务获得一定的收入。这次活动不仅促进了村里梨子的销售和宣传，增加了村民的经济收入，还极大地丰富了村民的文化生活，调动了村民参与的积极性。关键是，在此基础上，村两委趁热打铁，又推出了苗年节的节庆活动，让游客们来品尝特色苗家桌宴，观赏苗家歌舞，游览凤凰山水，体会深山环境，体验苗家生活。这一特色节庆活动再次受到热捧。文化活动原来只是为了卖梨，组织没有外出打工的姑娘小伙子们跳跳舞唱唱歌，常态化后就不能再临时组织，而是村两委主导和组织下的农民文化活动的平台和载体。

（二）珙县农民文化理事会的"项目"缘起

在党的十八届三中全会提出"全面深化文化体制改革"的大背景下，四川公共文化服务体系建设持续推进，县级图书馆、文化馆，乡镇综合文化站，村级文化活动室、农家书屋、文化广场等文化服务网络日益健全，设备设施不断更新，服务功能日趋完善，文化活动蓬勃开展，群众文化生活越来越丰富。但局部区域还存在设施设备闲置、政府既办文化又管文化、与群众需求脱节、公共文化服务体系的效益还未得到充分发挥等文化省情问题。文化主管部门积极引导各地申报文化和旅游部的创新项目，在此情形下宜宾市指导珙县立足已有的基层文化创新申报文化和旅游部的创新项目。特别是从2014年起，珙县及时总结"凤凰经验"

并在部分乡镇试点推行"农民文化理事会机制建设",引导群众广泛参与公共文化服务体系建设,指导提升基层文化服务自理能力,得到社会各界的普遍认可。中央电视台、《中国文化报》、《四川日报》、《四川文化》、《宜宾日报》等新闻媒体对此多次进行了宣传报道。2015 年 7 月,文化部(现为文化和旅游部)正式公布"珙县农民文化理事会机制建设"为国家第三批公共文化服务体系示范项目。其主要做法和努力方向可概括为"九个自"。

一是自动放权。政府及其文化部门加快职能转变,在公共文化服务中抓大放小,自动放权,重点负责导向把关、制定规划、阵地建设、投入保障、指导培训等工作,将建成的阵地设施、配送的文化设备、转移支付和配套的部分文化资金,以政府出资购买公共文化服务的方式,按严格的流程交由农民文化理事会进行管理,指导农民文化理事会开展相关文化服务工作,举办群众文化活动,鼓励农民文化理事会吸纳社会民间资金投入公益文化事业;农民文化理事会在党和政府的领导下开展群众文化活动、进行思想文化教育、提供群众文化服务、协助政府管理社会文化,在业务上自觉接受文化主管部门的领导和指导;乡镇综合文化站作为特别理事,重点对运行导向、工作成效、制度建设等进行管理和监督。

二是自发成立。根据人民群众的精神文化需求,在广泛了解群众意愿的基础上,倡导农民群众自发成立农民文化理事会。政府引导搭建机构,指导修订农民文化理事会章程,帮助进行内部管理制度设计,提供基本运行经费保障,农民群众热情高涨,各界人士积极响应。以乡镇为单位,引导本乡镇的党代表、人大代表、政协委员、社会知名人士、文艺创作者、艺术表演家、非遗传承人、社会文艺团体、热心公益文化的企事业单位(法人)、群众代表等自发组织成立农民文化理事会。

三是自愿参与。乡镇党委、政府分管文化工作的领导,乡镇综合文化站站长、社会事务办（中心）主任、财政所负责人，各级人大代表、政协委员，在本地有较大影响力的社会知名人士，取得优异成就的文化能人（主要是文艺创作者、艺术表演家、非遗传承人等），可以个人名义自愿加入农民文化理事会；本地有较大影响力的群众文艺团队（包括文艺类专业协会、学会、文化礼仪服务队、红白理事会等）、具有一定资质的文化企业、热心公益文化的企事业单位，可以集体名义加入农民文化理事会。农民文化理事会自愿参与政府组织的各种公共文化服务活动，政府以购买公共文化服务的方式给予适当奖励补助。

四是自主运转。农民文化理事会开展公共文化服务的主要经费来源：乡镇人民政府按相关规定对文化事业的投入，中央、省、市、县下拨的免费开放补助经费、村级文化建设专项资金、公共文化服务体系建设相关经费等，社会各界对本地文化事业的捐赠、资助、募捐等收入，农民文化理事会以组织民间演艺团体提供有偿服务等方式获得的收益。在农民文化理事会的监督指导下，各乡镇财政所对文化经费单独设立财务账目，对本地各类文化建设资金收支实行统一管理，按照"县管站用、站管村用、项目申报、据实拨付、绩效追踪"的文化经费管理"20 字办法"，制定文化资金管理办法，建立规范的财务管理制度，完善预算、申报、审批、拨付程序，确保文化资金真正用于文化建设和文化服务，并严格执行文化资金管理使用群众监督制度，每年向农民文化理事会全体理事报告文化方面的经费使用情况并接受审议，同时向广大群众进行公示，做到公开、透明、规范。

五是自治管理。农民文化理事会既是政府管文化的议事协调机构，也是群众办文化的自治管理机构；乡镇综合文化站为本地农民文化理事会决议的执行机构和日常工作机构，同时作为特别理事，也是工作监督机构；理事大会为农民文化理事会最高权力机构，每三年一届。理事大会的主要任务：审议农民文化理事会工作报告、文化事业经费的预决算报告；决定农民文化理事会的工作方针，向政府提出文化事业、文化产业发展规划建议；决定农民文化理事会章程的建立和修改；选举产生常务理事会，决定农民文化理事会内部办事机构的建立、合并与撤销；决定农民文化理事会的其他重大事项。农民文化理事会内部设置文艺部、宣教部、财务部、活动部等工作机构。常务理事会为大会的日常领导机构，设秘书处，负责农民文化理事会的日常管理工作。农民文化理事会全体会议每年召开一次，由常务理事会秘书处组织召开。常务理事会每年不低于两次，由会长主持召集。

六是自助服务。农民文化理事会以乡镇综合文化站为核心载体和基础阵地，充分整合地方特色文化资源、文化设施设备、文化人才队伍、文化热心人士、民间资产资金等，因地制宜开展文化活动，实现自我服务。群众自主选择文化服务内容和形式，政府加大购买公共文化服务力度，开展"菜单式""订单式"自助服务，促进服务主体多元化、服务内容公开化、服务方式多样化，推动文化需求与文化供给有效对接。农民文化理事会的主要任务：结合本地实际，提出文化发展规划建议；制定群众文化活动年度计划，组织开展群众文化活动；根据本地经济社会发展需要，结合群众的文化需求，组织开展科普教育、时政宣传、文艺创作、艺术培训、文艺演出等文化服务活动；充分利用本地文化设施，积极组织开展免费开放、全民阅读、公益电影放映、信息资源共享、农民体育健身等公益文化活动；保护传承并合理利用本地民族民间优秀文化遗产，着力打造特色文化品牌；受文化主管部门和乡镇人民政府的委托，对基层文化事业、民间演艺团体及辖区内文化市场进行管理；积极组织开展对内文化宣传和对外文化交流活动。

七是自我教育。突出文化的引领导向和宣传教育功能，把公共文化服务体系建设作为基层宣传思想文化工作的重要载体和支撑，加强人文关怀和社会主义核心价值体系建设。通过政府组织引导，农民文化理事会组织民间演艺团体以群众喜闻乐见的节目形式、更婉约亲民的传播方式，近距离传达党的声音，广泛传播主流文化，着力营造内容积极、健康向上的文化氛围。通过群众自办文化感染群众、教化群众，实现从"灌输式接受"向"消化式教育"转变，在服务群众的同时占领基层思想文化阵地，提升群众文化素质，实现群众自我教育。通过"群众直接服务群众"的方式，形成不可替代的亲和力，亲和力催生凝聚力，凝聚力产生向心力，主流文化的落地与草根文化的升华相融互动，促进了广大农村的社会和谐，使文化安全这一无形的国防拥有最广泛的群众基础。

八是自觉监督。农民文化理事会在选举常务理事会的同时，选举产生监事会。监事会对农民文化理事会的决策及其实施情况进行监督，主要享有以下监督权力：对农民文化理事会常务理事的选举进行全程现场监督；派代表参加常务理事会议，发表意见、建议和提出批评，对农民文化理事会的决策进行监督；对农民文化理事会决议实施情况、经费的使用情况进行监督检查，收集群众对农民文化理事会和文化工作的意见并及时梳理反馈；在合理化建议未被采纳时，有权向当地党委、政府和上级文化主管部门反映。监事会在农民文化理事会全体会议召开时，由监事长向大会作监事会工作报告，提交大会审议。

九是自强发展。农民文化理事会在其自身建设发展过程中，坚持公益服务导向，坚持"二为"方向和"双百"方针，突出群众参与和群众监督，不断强化内部管理，建立健全规章制度，规范管理运行程序，创新经费保障运行机制，完善群众参与监督机制，深化落实试点工作经验，不断发展壮大，逐步形成完善、规范、可操作的运行管理体系，并在更大范围内推广实施，进一步推动公共文化服务体系建设，推进文化事业和文化产业发展，为加快建设文化名县和文化强市提供坚强有力的理论实践和制度支撑。

在"九个自"的体系设定下，农民理事会坚持以"党政主导、社会主办、群众主体"为原则，逐步探索形成了文化主管机构"导文化"、农民文化协会"办文化"、农民文化理事会"种文化"的"三位一体"农村文化管理服务机制。

党政主导就是充分发挥公共文化机构"管文化"的基本职能。在党政层面强化"管"的意识，认真履行职能职责，积极主动"管文化"。地方党委、政府加强领导，管导向、抓投入、建阵地、给保障，以乡镇综合文化站、村级文化室等基层公共文化机构为载体，管理指导基层文化工作，为广大群众提供公共文化服务，扶持发展社会文艺团体、文化企业、文化产业。在管理上，公共文化机构作为基层文化工作主体，统筹落实党委、政府在基层的各项文化工作，协助管理农村文化市场。开展书报刊借阅、时政法治科普教育、文艺演出活动、艺术培训活动、数字文化信息服务、公共文化资源配送和流动服务、体育健身和青少年校外活动等具体工作。根据当地群众的需求和设施、场地条件，组织开展丰富多彩的、群众喜闻乐见的文体活动和广播、电影放映活动。指导农民参与文化活动，加强组织建设，辅导和培训群众文艺骨干。在服务上，各类公益性文化设施全面实现免费开放，坚持按照"五化标准"（设施建设标准化、服务功能综合化、内部管理规范化、活动开展常态化、群众监督公开化）落实公共文化设施建设、管理、使用、评价等具体工作，达到公共文化设施服务群众的根本目的。围绕党委、政府的工作重心，举办各类展览、讲座及其他形式的活动，开展时政教育，普及科学文化知识，传递经济信息，助群众求知致富，促进当地政治、经济、文化发展。在扶持上，政府供给保基本、兜底线、促均等的同时，积极扶持社会力量，通过扩大政府购买的渠道，开展文化惠民培训，培育社会文化团体和企业参与公共文化服务建设，使文化成果更加快捷、方便、优质、高效地惠及群众。着力打造具有鲜明地域特色的公共文化服务品牌，扶持成立了"民间演艺协会""珙县书法家协会""慧多麦秆画""苗寨人家"等一批文化团体和企业，其中仅县内就有 168 支民间演艺团体，演艺从业人员近 2800 人，年均演出约 1.5 万场，行业年产值 7800 万元，促进了文化富民增收。

社会主办就是广泛发挥农民文化协会"办文化"的补充作用。在社会层面推动"办"的落实，鼓励基层文化自治，激发"办文化"活力。农民文化协会组织社会文化团体承接政府购买的公共文化服务，规范民间演艺团体依法提供有偿的文化礼仪服务，引导专业文艺协会有序健康发展。在购买服务上，政府通过以奖代补方式，以及探索建立向社会力量购买公共文化服务的管理办法，创新服务方式和手段，建立以需求为导向的公共文化产品供给机制，根据年度活动计划科学设置"菜单"，成功探索"自上而下、自下而上、以需定供"的互动式、点菜式购买服务方式，实现供需有效对接。农民文化协会等各类文艺协会、团体积极为政府提供"订单式"公共文化产品和服务，2017 年珙县县级层面及各乡镇累计购买公共文化服务 320 余场次，覆盖面达到 21.6 万余人次，极大地满足了基层群众日益增长的多样化、多层次、多方面精神文化需求。在规范管理上，农民文化协会统筹协调民间演艺团体、专业文艺协会等各类社会文化组织，依托县、乡镇、村级公共文化机构对其进行规范管理和培训指导。民间演艺团体、专业文艺协会为群众提供有偿文化服务，开辟了一条群众买单购买优质文化服务的道路，用市场化的手段让文化服务进村入户更加便捷和高效。为加强民间演艺团体管理和规范民间演艺市场，2014—2015 年，珙县组织民间演艺人员 700 余人，在全省率先开展上岗培训，分层次分类别进行持证上岗考试，为农民文化协会的健康发展打下了坚实基础。在引导发展上，积极引导"珙桐公社""珙县农耕文化传习馆""珙县二胡学会""珙县国标舞协会"等专业社会文化团体通过不断探索，开办公益讲座和组织文化交流展示，形成了"珙桐公社"公益讲座、"珙县农耕文化传习馆"传习课堂、诗词楹联协会"全民阅读"等一批具有地域特色的乡村文化活动品牌，吸引了社会各界广泛关注和越来越多的群众积极参与，为社会公众提供公共文化产品和服务，成为公共文化服务政府保底的有效补充，显现出强劲的生机与活力。

群众主体就是切实抓住农民文化理事会"种文化"这个关键方式。在群众层面树立"种"的理念，抓住关键方式搭建参与平台，因势利导"种文化"。珙县依托农民文化理事会这一基层公共文化机构现代法人治理模式，将农村社会文化人才整合起来，集中群众智慧，畅通评价渠道，农民当家作主，人人均可参与"看、演、评、训"，真正把文化"种"在基层。在引导人人参与共享文化成果上，以农民文化理事会为纽带，整合各类文化队伍，着眼群众的文化需求，由乡镇综合文化站牵头，以农民文化协会、民间演艺团体作为送文化下乡的主体，开展巡演以及文艺技能培训、文艺作品创作、文化活动交流、乡风文明讲座等方面的文化服务，"送文化"转化为"种文化"，实现文化活动人人参与，文化成果群众共享。17个乡镇依托农民文化理事会机制，会聚乡土文化人才1170人，专业文艺协会会员116人，地方特色文化特约研究员30名，各类演艺人才近2800人，常态化开展各类文化惠民活动，吸引群众广泛参与。在组织能者、愿者上台展示交流上，依托农民文化理事会机制，把"群众演、群众看、群众乐"的文化舞台搭建到群众家门口，把"话筒"交与百姓，把"舞台"让给农民，让群众自己当"主角"，能者上、愿者上，激励群众从"旁观者"变成"参与者"，让群众自己走近舞台、走上舞台，自办文化、自我服务，真正成为基层公共文化的建设主体和参与主体。2017年以来，珙县编排了文艺节目100余个，围绕文化扶志、文化扶智，创排了大型方言话剧《凤凰涅槃》、快板《宣传党的十九大》、小品《她来了》、歌曲《做个好人很容易》、配乐诗《岁月的光盘》等一批贴近生活、特色鲜明、具有代表性和地方民族特色的优秀作品；开展文艺展演、艺术培训、民俗活动等近1000场次。打造了"苗族花山节"

"过苗年""赶苗场""珙桐花文化节""龙茶花海旅游节"等群众文化活动品牌 10 余个。其中演职人员基本全部是珙县本土人员。在广泛听取群众意见建议上，基层公共文化服务中，群众既是起点，也是终点。农民文化理事会机制建设的一项重要内容，就是建立群众参与评价的意见收集机制，畅通群众文化需求反馈渠道。珙县采取村（居）民评议、向群众公布监督举报电话、建立意见簿、召开征求意见座谈会等行之有效的办法，健全民意表达和监督机制，随时听取意见，及时反馈情况，引导群众参与农民文化理事会机制建设、管理和监督。在文化活动开展、年度计划制订、文化阵地修建上，注重征求群众意见，激发了群众的参与热情，文化服务更接地气，效果好不好群众说了算。在引导乡风文明上，农民文化协会依托县、乡镇、村级公共文化阵地，整合民间文艺社团和基地等资源，开办"农民夜校"，深入开展公益文化培训、专业文艺培训、"两好主题"培训、富民技能培训，提高群众文化素养，促进乡风文明、村容整洁、管理民主。创新开展"文润珙州"群众公益文化行动，举行各类文艺成果交流展示活动，通过播种文化，提升了村民素质，促进了乡风文明建设。2023 年，借助农民文化理事会的机制，珙县 13 个乡镇综合文化站、179 个村（社区）文化室、20 个文化馆图书馆分馆、115 个"农民夜校"培训点，共组织开展了音乐、书法、广场舞、川剧、表演、民乐等 12 个门类 1800 课时、360 余场次公益免费培训，培训各类文艺人才 3.2 万余人次。[①]

二、珙县农民文化理事会运行的"凤凰"个案

在农民文化理事会制度的培育下，凤凰村人的文化热情得以持续激发，并纳入可持续的轨道上来。政府层面通过购买公共文化服务和搭建

---

① 该数据由珙县文化广播电视和旅游局提供。

平台为凤凰村苗族文化的展示提供了多种机会，每年的县元宵晚会以及省市各种巡演都少不了凤凰村的节目，这也为他们赢得了荣誉和市场的认可。凤凰村的演艺队不仅为本村服务，也承接各种商演活动，声名在外。

（一）把农民的文化活动组织起来：凤凰村农民文化理事会的运行

在县乡两级的直接指导下，2016 年凤凰村成立了村级文化理事会。值得强调的是，凤凰村既有的文化影响力，使其成为玉和苗族乡"当然"的领头羊——凤凰村黄在银担任玉和苗族乡农民文化理事会理事长，杨代强担任秘书长。按村主任杨代强的说法："因为我们从 2014 年到 2015 年搞了梨花节、苗年节、品梨节这几个大型活动，所以到 2016 年成立玉和苗族乡农民文化理事会的时候基本上就是在凤凰村的文化团队的基础上成立的，所以黄支书就被选为理事长，我就被选为了秘书长。"

在农民文化理事会成立之后，凤凰村将四个村子的文化建设整合起来。在农民文化理事会成立的一两年内，他们组织了各类演出活动和文化培训。各个村在多年实践探索的基础上，以玉和苗族乡农民文化理事会分会的组织形式，形成了各具特色的文化活动品牌，如凤凰分会 8 月的品梨节、11 月的苗年节，隘口分会 9—10 月的"孝"文化主题活动，青龙分会 9—10 月的品茶节活动。据杨代强说："我们农民文化理事会建立以后，通过机制的建设，把老百姓参加文化活动的积极性调动起来了，这是以前我们没有想到的，比如一些五六十岁的老年人和一些小娃娃，还有像我们这个年纪的年轻人。这个农民文化理事会给这些爱好文化的人提供了一个平台，让他们来展示自己。现在我们还有自己的土明星哈，除了我们村的苗族特色之外，青龙还有人唱歌唱得好，还有个说'三句半'很牛的伯伯。"按村支书黄在银的说法，就是让老百姓能够自己认识自己。文化理事会建起来、活动搞起来以后，有些老年人还收到了徒弟，有些年轻娃娃学会了吹芦笙、跳舞，还组建了小娃娃团队，所以很有氛围。比如 8 月要搞"品梨节"，组织者只需把这个消息告诉大家，村民就自己去编排，如果主办者需要提高节目质量，理事会就来审一审，把个关。

村民可以自己编排节目，关键的支持在于他们有自己的文化团体——凤凰福居文化演艺团。演艺团成立于 2016 年 8 月，是玉和苗族乡农民文化理事会凤凰分会的成员单位，是一支年轻的苗族文化艺术团队，也是从之前的文化活动中逐渐发展而来的。这支队伍在正式成立之前就已多次参加了各种文化活动。例如参加了 2014 年四川省第十四届少数民族传统体育运动会并获得表演金奖；参加珙县 2016 年元宵节，其表演的节目《过苗年》获得专业评比第二名；参加了在宜宾举行的 2016 年宜宾市第四届"三江放歌"民族文化专场演出；参加了在成都举行的 2016 年四川省博览局纪念红军长征胜利 80 周年文艺演出；参加珙县 2017 年元宵节，节目《苗家迎客歌》获专业评比第一名、网络人气第二名；2017 年参加珙县第三届珙桐花节，表演了《苗家迎客歌》和《芦笙之韵》等苗族文化特色节目；等等。演艺团现有成员 30～40 人，有一部分固定的文艺骨干，其余成员根据活动开展的具体需要决定，如果本次活动需要的人数多，那么就扩增人员。演艺团策划并组织参加玉和苗族乡及凤凰村的大小型文艺活动，包括每年举办的"乡村春晚"、梨花节、品梨节、苗年节，还参加了乡村旅游宣传片、苗族文化纪录片、苗族歌曲 MV 和苗族电影《姑娘神》的拍摄。演艺团由三支演艺队构成：第一支队伍组建于2014 年下半年，这一年的品梨节结束后就筹备了这一支队伍；第二支是在 2016 年组建的；第三支是从现有的队伍分离出去的。目前一支队伍少的时候有五六人，多的时候有十几人。村主任带的一个演艺队也是凤凰村演艺团体的中坚力量，队员平均年龄 22 岁，平时他们会对外承接各种文化演艺和文化策划，除了政府性的文化活动，还有城乡婚庆演出、婚礼主持、开业庆典等，而且为了创收，他们拓展了业务范围，主要节目类型有民族特色演出、歌曲、舞蹈、小品、魔术、杂技、民族乐器演奏等。随着演艺团队的不断发展壮大，参加的活动越来越多，团队现在对演员有了一定的要求，比如要听得懂音乐，身体要比较灵活，加入这个演艺团队的演员要经过一定的筛选。

一开始村里搞文化活动是为了聚集人气，起到宣传效果，后来办品梨节是为了吸引消费，促进产业发展，凤凰村的村干部们也没有想到文化活动能创造收益。从 2016 年凤凰福居文化演艺团成立之后，大家就看到了文化演艺的市场，在此之前他们主要是参加各类组织性、公益性活动，没有任何收入，甚至没有一点劳务费，当他们发现这种市场需求的时候，就慢慢开始承接一些商业演出。演艺队一名核心成员刘燕介绍说："现在这三支队伍，第一支和第三支倾向于对外跑业务，第二支主要还是公益性的，第二支队伍因为有六七个骨干，所以能延续下去。"第二支队伍成立比第一支稍晚一些，但是也有个别成员是从 2013 年的"梨花节"、2014 年的"品梨节"就开始参加演出的"老演员"，比如村主任杨代强和他的妻子刘燕。而其他的骨干成员也基本上都是村里文艺方面业务能力比较突出的，比如二社社长车华、村支书黄在银的儿媳妇等。这些文艺骨干相对比较年轻，文化程度较高，接受现代化的信息和技术的能力较强，而且一般都解决了家里生计问题，有坚强的后盾支持，所以他们能够放心地参与村里的集体活动。他们更多的是参加公益性的活动，比如代表凤凰村外出参加比赛、代表玉和苗族乡参加全县的文化活动，代表珙县或者宜宾市参加全省甚至全国的文化交流等。他们这支队伍更多地是为了传承和弘扬苗族传统文化，所以他们有一种使命感和自豪感，这种使命感和自豪感支撑着他们，即使没有任何收入，也能不计付出地投入节目的编排和表演中。

外出跑业务的队伍主要行走于各个市县、乡镇、村社甚至有时候会到云南、贵州等较远的地方。为了增加收入，小到农村坝坝宴、婚庆，大到酒店、公司的开业庆典等，演艺团都会承接，表演的内容主要是围绕苗族传统文化而创作的歌舞、小品、魔术等，一年到头的收益大概有三四十万。多的一年能接100多场，几个队合计起来能有七八十万的收入。如果村上搞集体活动就把分出去的几支队伍邀请回来参加，三支队伍平时在对外承接商业性演出和参加政府性、公益性活动方面略有区分，但如果遇到大型活动，需要的人多，就会从各支队伍中召集人员进行统一安排，有时候还会从其他村民当中召集有文艺爱好的、会吹芦笙的、会唱歌的人来参加，还会邀请其他村的人，范围比较广泛。

在演出节目方面，重要节目一般都是在村上自己先编排一个雏形，再去县上请专业老师指导，然后再回到村里反复排练。杨代强说："我们会去县文化馆，或者邀请市里面的老师来给我们指导，比如我们走省上或者省外表演的时候，我们就会邀请市里面的专业老师来指导。县上也会给我们支持，派老师等。"而无论是参加节目的编排还是对外参加公益性演出，基本上都是没有酬劳的，只有一些补贴。近年来演艺团多次代表珙县甚至宜宾市参加省上甚至全国的一些比赛和展演，这些活动开阔了演艺队成员的视野，极大地增强了他们的自豪感。杨代强介绍："大家团队意识比较强，有这种荣誉感，现在我们出去比赛大家都只想拿第一名，第二名都不想要，即使只有很少的误工费甚至没有，大家参加的积极性也很高。"

不过，发展过程中也遇到过很多困难，曾经他们差点就放弃了，今天大家对这个团队、对凤凰村的文化发展有很强的信心，这种信心也是慢慢建立起来的，并不是一开始就有的。2016年初，凤凰村想在演艺团的基础上成立一个合唱团，专门学习、整理苗族古歌，村干部们就想去县上再争取点资金，但是去了以后还是空手而归，因为领导说这两年资金都用于扶贫了，县上也没有钱。回来后大家又开会商量这个事，这个时候就有人打退堂鼓了："没有钱，要么就算了嘛，就不搞了。""不搞了就散伙。"支部书记说："当时经历了半年的低落期，没得经费，村上也没有底气能够把这个文化搞好，演员都流失了一部分，团队又分散了。"当时大家心里还是挺沮丧的，因为搞了几年文化活动，凤凰村还是有这个文化基础的，好多人还是想把凤凰的文化演艺队再提升一下，但是面临这些现实困难的时候，要坚持下去确实也不容易。村支书还介绍说："当时一个乡文化专干建议我们坚持把文化搞好，凤凰不搞文化就没有机会去争取，最后我们就把这个又重新捞起来。演员流失了一大半，后来只能又组织一些人，才把这个团队又搞上来。当时也非常费力，团队组织起来以后，村上也没有资金，我们就想办法让他们自己去创收，去外面接业务，这才把团队养活起来。"

随着文化演艺事业的不断发展，获得很多荣誉之后，演艺团队的成员们都建立起了很强的文化自信心，但同时大家也逐渐认识到自己的短板，希望能送一些骨干去培训，提升演艺队各方面的能力，以便后期有更多的机会和更大的平台。文艺骨干刘燕很急迫地说："我们现在最大的困惑还是专业水平不够，最大的期待还是希望能有更专业的指导，因为我们毕竟都是来自农村，基础等各方面都还比较差。有些节目要求专业程度要高一些，比如省、市级演出对演员的素质要求就要高一些，需要挑一些比较好的演员。我记得在2014年，我们参加在宜宾举办的全省的第十四届少数民族传统体育运动会，珙县就参加一个节目比赛，叫《扭扁担》，这个节目要求就比较高，需要专业的指导老师，但在我们珙县还不好找这样的老师，没有苗族专业舞蹈的老师，就只能自己摸索，然后到省上请教比较专业的老师。一直反复这样修改，直到我们演出的前一天晚上都还在改一些细节，最后成功获得了金奖。"凤凰村的演艺团队是由最初举办"梨花节"时临时组织的"演员"逐渐发展而来的，他们所有的节目都是村民自编自导自演，不仅在本村及周边乡镇获得了市场，产生了一定的影响力，而且还走出了凤凰村，走向了更大的平台，获得了更多的荣誉。这一方面与当地深厚的历史、民族文化资源分不开，另一方面也是对文化的认同使得大家具有强烈的文化自尊和集体荣誉感，这种集体荣誉感既是凝聚人心的向心力，又是催人奋进的动力。

此外，目前农民文化理事会在经费保障上还很欠缺，政府的经费支持也很少，但是在凤凰村，杨代强他们不仅组织开展了各类节日活动，还拍摄了苗语微电影、苗族古歌 MV 等。2017 年 5 月 28 日，是端午节假期的第一天，也是珙县观斗苗族乡"五月苗场节"活动的第二天，接到观斗组委会的邀请，凤凰村演艺团队代表玉和苗族乡农民文化理事会前往观斗参加活动。他们主要带去了"挂档"（扭扁担）的比赛项目，手把手教授观斗苗族乡工作人员规则和评判细节，积极参与到活动中去。但是对于杨代强来说，他们此行还要干一件比较重要的事，那就是在观斗放映他们刚刚拍摄和制作完成的电影《姑娘神》，这是一部苗族电影，是杨代强负责联合罗渡、玉和、观斗三个苗族乡的苗族文化爱好者拍摄制作的。当天他们在苗场节的现场放映之后，得到了很好的反响，赢得了观众的阵阵掌声。后来他们又多次被邀请去各个村进行"轮回"演出。

总的来看，农民文化理事会的成立对凤凰村乃至整个玉和苗族乡的公共文化建设发挥了显著的促进作用，它使得原本由村民自发组织的文艺队伍和文化活动有了正式的组织保障，也使得村庄内部的文化活动与乡镇文化资源以及县级文化平台建立了联系，产生了互动。拿梨花节来说，现在凤凰村办一次梨花节的规模和经费远远超出十年前，而现在的梨花节也不仅仅是凤凰村自己的事了，而是整个玉和苗族乡的公共文化活动，涉及范围更广，得到的支持也更多。村主任杨代强评价："现在搞一次梨花节规模越来越大，执勤人员、安保人员、宣传等这些基本的东西就由政府负责，但具体的文艺节目等就由我们文化理事会来筹划。"这也就意味着，农民文化理事会在各级党委、政府的主导下，有效落实政府主体责任，调动社会力量办文化的积极性，形成政府积极主导、社会广泛参与的基层公共文化工作格局。作为农村公共文化建设的一个重要主体，农民文化理事会要运行、要发展就必然需要经费。黄在银对于经费的争取有一套自己的想法，那就是先做工作再去争取经费。这也是凤凰村多年来总结的经验。以前办活动也缺少资金，也去申请过，但是当时政府拿不出钱来，他们就只好靠自己，在条件十分有限的情况下办了几次大型活动，慢慢地活动办得越来越有声有色，这才逐渐得到政府的重视。再加上珙县农民文化理事会的创建，政府在公共文化建设和农村文化建设方面都增加了经费保障，凤凰村也是把握住了机会，这样办了几次活动都能争取到一部分资金。

"一分耕耘，一分收获。"凤凰村办的活动越来越出彩，得到的倾向性政策项目也越来越多。除此之外，现在办一次活动的经费来源也多了，除了政府扶持，他们还能拉来一些企业、公司的赞助，这也是之前没有想到过的，而这一切都是因为他们已经有了这样的文化基础。因为各种特色节庆活动的举办让凤凰村苗族歌舞的声名远扬，在县域文化市场中也开始占据份额，旺季的时候演艺队成员每人每月收入可达 3000 元以上。

从效果层面来看，基层公共文化服务能否满足群众对精神文化生活的需求是至关重要的；从凤凰村的文化发展历程来看，农村公共文化建设一定是农民自己参与的过程，这样才能创造出贴近农民生活的、符合群众需求的公共文化。凤凰村的文化建设是在珙县创建农民文化理事会的大环境中得到发展的，农民文化理事会机制建设，就是把老百姓的文化生活交给老百姓自己，而不是像以前一样由地方党委、政府全权代理。过去那种由党委、政府办文化的模式导致提供的公共文化产品与群众的文化意愿不相适应，群众不喜欢，很多资源都被浪费了。现在珙县探索的农民文化理事会，就是由地方党委、政府负责领导，把方向、创条件，提供阵地、设施设备、经费的支持，把文化室、书屋、广场交给群众，由群众自己来商量、自己来创作、自己来表演、自己来享受。事实证明文化发展要与老百姓的文化需求和文化消费市场相适应，让群众参与进来，充分发挥群众的创造力，基层文化生活才能更有活力、更加丰富多彩。

（二）在"组织中"振兴乡村文化：凤凰村农民文化理事会的效果

一个好的政策一定是符合实践需要并能充分调动人民群众积极性的政策。乡村振兴的难题就是乡村主体的积极性问题。面对广袤的农村，政府力量不可能管得过细过宽，客观上也管不过来。通过政策的杠杆来撬动多元主体的积极性，体现政府主导、社会主办、群众主体、多元力量汇聚形成合力，才能让战略的实施更具备基础，才能办好事、办大事。乡村振兴事关每个村庄和农民的利益，利益是激发主体积极性的重要驱动力，同时文化也是乡村振兴的重要驱动要素。共享的价值感、共有的生活方式能够驱使现代化进程中日益空疏的乡村增强归属感，成为真正意义上的地域共同体、情感共同体和价值共同体，成为真正意义上的家园，从而唤发起村民的认同感、积极性和主动性。只有当农民从心里认识到农村是中华优秀传统文化的摇篮，认识到现代化进程中乡村文化的独特价值，真正热爱自己的文化并致力于推动优秀传统文化的创造性转化和创新性发展，乡风文明才有可能实现。凤凰苗寨的成功除了村庄自身的努力，也和政策的正向引导和杠杆作用的发挥密不可分。

凤凰村所在的珙县有着深厚的文化底蕴和文化资源，据珙县宣传部介绍："珙县文化建设的群众基础好，各种民间文化团体非常活跃。有时候不是我们要搞文化活动，而是这些文化团体和积极分子在推着我们往前走。他们甚至跑到办公室来告诉你：'我又有一个好的点子了，想搞一个什么什么活动。'我们其实并没有做什么，只是因势利导而已。"一方面是政府主导的基层公共文化服务并不能完全对接群众的文化需求，另一方面则是民间文化力量的活跃。为了把群众的文化创造热情和活力纳入基层公共文化服务中来，珙县因势利导建立了农民文化理事会制度。

珙县农民文化理事会提供了多元力量整合的有效平台，有效整合了文化要素。农民文化理事会既有团体会员，也有个体会员；有专业性文艺组织，也有草根性组织；有营利性的，也有非营利性的；还有基层文化站的负责人参与其间，由文化理事会来承接政府公共文化服务，有效调动多方资源，盘活文化设施，整合文化要素。政府部门转换职能，从过去的"全包干"转向负责管导向、抓投入、建阵地、给保障。农民文化理事会还极大地提升了农民的文化自觉和文化自信，畅通了群众参与、评价和反馈机制，实现了由社会和群众办文化、种文化目的。以农民文化理事会为纽带，整合各类文化队伍，着眼群众的文化需求，由乡镇综合文化站牵头，农民文化协会、民间演艺团体作为送文化下乡的主体，开展巡演以及文艺技能培训、文艺作品创作、文化活动交流、乡风文明讲座等方面的文化服务，"送文化"转化为"种文化"，实现文化活动人人参与，文化成果群众共享。珙县在推动乡村文化振兴的进程中，通过政策供给和机制创新极大地激发了群众的积极性。政府不是全盘包揽，而是搭平台建机制，通过政策杠杆把社会的、市场的多元力量都纳入公共文化服务中来。在凤凰村乡村文化振兴的历程中，政府在村民演艺队的培训、搭建巡演平台方面提供了支持，而文化活动的开展则更多交给了村民自己组织，政府只是把好导向。有所为有所不为，才实现了政策与乡村的良性互动。

乡村振兴需要调动乡村的各类资源，重新发掘乡村的独特价值，形成乡村区别于城市的资源优势，与城市形成资源互动和交换。凤凰村如果仅仅靠农业产业是很难达到与城市的资源互动和要素交换的，特色文化资源就使得这一切变为了可能。在文化演艺队的基础上成立的凤凰福居演艺团已经参加过大大小小、不同类别、不同级别的文化演出和文化活动，都取得了非常好的成绩，获得了很多荣誉，同时也为凤凰村向外发展开辟了一个通道，创造了很多机遇。凤凰村文化演艺使得乡村与城市的交流互动向更大范围和更深程度发展，在苗族文化的挖掘、整理与保护以及演艺团队的节目打造上，凤凰村与珙县、宜宾市乃至成都市的相关文化主管部门、文化组织团体都进行了多次交流，演艺团成员也接受了一些专业培训。随着凤凰村的文化演艺团队的名声越来越大，周边很多地方都会请他们去表演，也会有很多项目和资源。同时，凤凰村文化演艺事业的影响力逐渐增大，为当地的产业打了很好的广告。现在凤凰村的水果、蚕桑、蔬菜等各类专业合作社也逐渐运用现代化技术手段了，例如通过电商对外拓展产品销路，现在梨子也不仅仅卖给周边乡镇的人，还远销全国多个地区。目前梨子和蚕桑的种植规模不断扩大，村两委着手筹备把村里的土地进行流转，统一经营管理，主要是种植梨子和蚕桑。2014 年凤凰村就成功申报为"四川省乡村旅游示范村"，而现在乡村旅游又是珙县打造乡村振兴示范区的重头戏，这些项目的到来，为凤凰村的产业发展带来大量的项目资金和资源。凤凰村与外界的联系和互动正在逐渐加强，现在每年举办"梨花节""品梨节""苗年节"等大型节庆活动的时候，都有大量的外来游客，包括宜宾市的本地游客以及邻省市的外地游客。除了参观旅游之外，还有许多团体前来学习交流，例如 2018 年 5 月 2 日贵州省黔西南布依族苗族自治州兴义市的苗族客人到凤凰村参观，2018 年 5 月 14 日中国台湾台东县少数民族交流团到凤凰村开展文化交流等。同时还有众多的调研、采访、报道等纷纷涌入凤凰村，不仅为凤凰村做了大量宣传，也为凤凰村注入了活力。现在村干部们经常会忙着接待、开会、外出学习以及带着演艺团队去参加演出和比赛。

凤凰村的文化振兴之路上离不开本村的文化能人——村主任兼文艺

骨干的杨代强。年轻的杨代强当过兵，有文化、有眼界，而文化自觉、乡村振兴的时代正好为他提供了充满机遇的平台。珙县宣传部部长张君谈起杨代强赞不绝口："为了更好地宣传凤凰村，杨代强注册了凤凰村的公众号，一个人从拍到写，把这个公众号运营成了宣传凤凰村的窗口，而且时效不差，发文量不少，甚至有些县里的动态比我们县的政务号发得都及时。我有时都对我们宣传部门的工作人员说，你们看人家一个人运营的公众号比我们好多人运营的还强。"谈到发展文化的这几年，杨代强感慨良多，他不仅是村主任也是演艺团的成员之一，这些年他带着凤凰村的演艺队伍到处奔走，看着这个队伍慢慢成长起来，看着村里的产业一点一点有了起色，才30岁出头的他对村主任这份工作满怀着热情。"搞文化这几年比较心酸，我们当时很缺经费，因为我们一搞活动，规模就比较大，要投入很多精力，准备很多道具和服装，村干部就要到处争取经费，或到乡上争取，或到县上争取，有时候还到宜宾市去争取。另外还要筹备活动，很多时候晚上都加班开会……"

杨代强当过几年兵，也出去打过工，后来回到家里，先是在村上当文书，后来慢慢走上村主任的岗位。就像老支书马宗华说的那样，他年轻又有文化，脑子比较活，这几年当村主任带着大家搞文化，给凤凰村带来很大的变化。他自己创建了"凤凰苗寨"微信公众号，从2016年7月16日发布第一条消息以来，一直一个人坚持运营这个公众号，基本上都会及时把村里村外与凤凰村相关的大事小情在这个平台上发布出来。2017年初，他组织了凤凰村的年轻人与另一个苗族乡的苗族同胞一起拍摄了一部微电影《姑娘神》。这是一部苗语微电影，目的就是让更多的苗族同胞学习苗语苗文，让大家重视苗族文化的传承和发扬。电影拍摄出来后，他们就到各个村社去放映，村民们还是第一次看见自己同村或者同乡的人上了电影，在感到新奇的同时，也受到了潜移默化的影响。在他的影响和带动下，他的妻子、弟弟以及弟媳都加入了凤凰村的演艺团队，经常都是一家子四个年轻人一起出去参加演出。

凤凰村能有今天的成就，归功于凤凰村人自身发展的意愿、以杨代强为首的一批年轻人的热心参与，以及其独特的苗族文化。从当初的"文化搭台，经济唱戏"开始，凤凰村首次举办梨花节的动机中有着响应政府部门的号召、争取更多政策支持的朴素想法。文化此时也只是为了配合产业发展的需要，苗家人尚不具备这样的文化自觉。然而当苗家歌舞唱起来跳起来时，发现整个村子变得更有活力和影响力了，那些共享的仪式、习俗、歌舞是大家共同的记忆，它既是内在凝聚的元素，也成为凤凰苗寨鲜明的文化标识，文化的自豪感、自尊和自信心被一点点唤醒，文化不仅可以搭台，还可以直接走到前台唱戏，更是乡村治理重要的资源。共同的家园意识被唤醒，村规民约的价值共识有了群众基础，使乡村振兴战略的实施变得事半功倍。政策想到的可以很好地被落实，政策暂时做不到的村庄会主动想办法去创造条件，政策想不到的村庄会自己主动沟通。正如珙县宣传部部长总结的：不是党委、政府想做，而是群众推动他们往前走。如杨代强为了宣传凤凰村想要拍摄《姑娘神》等贺岁片，但是政府公共文化服务的经费紧张难以支持他们，于是年轻人就想到拍几乎零成本的微电影，而后政府在此基础上帮助村里又拍摄了凤凰苗寨的形象宣传片。主体的自觉使乡村振兴战略不再是政府的"单相思"，而是村庄自己的事，村庄的自主和政策的实施也就形成了良好的合力。凤凰村在发展的过程中也积极争取政策支持，2014 年创建省级乡村旅游示范村，2016 年创建市级社会主义核心价值观教育基地，2016 年创建市级文明社区，2017 年创建省级"四好村"，2017 年创建县级乡贤统战工作示范村，2017 年创建市级"十佳"卫生村，2019 年创建乡村振兴示范村，2020 年创建少数民族特色村寨。争取好政策也是要靠自身干出来，凤凰村两委一直坚持这样的观念。正是在主体性的发挥和相关政策的支持下凤凰村在基础设施建设、文化旅游活动开发、苗族文化挖掘等方面取得了显著成效，为凤凰村的发展奠定了良好的基础。

三、珙县农民文化理事会的理论启示

在珙县试点推进农民文化理事会机制建设，实现了政府职能有效转变、群众活力有效提升、工作杠杆有效延伸、地方文化有效传承的"四个成效"，对珙县现代公共文化服务体系建设起到了重要的推动作用。通过建立农民文化理事会，革除政府大包大揽的弊端，引导群众广泛参与文化建设与管理，改变了基层政府管建设、管投入、管活动、全包干的现状，开辟了政府资金和民间资本多元投入有效利用的新途径，免费开放、农村文化建设等专项资金充分发挥作用的同时，演艺团队、文艺协会、企业等的投入大量增加，初步实现了群众、政府、社会资源有效整合，逐步形成了以群众为主体的公共文化服务多元协同机制。近几年，珙县每年有 600 余万元社会资金投入文化活动，大幅提升了群众自办文化、自我发展能力。理事会的建立运行，为基层文化人才施展才华搭建了平台，促进了文化发展成果共建共享。开展文化活动、制订工作计划、利用阵地设施等工作真正做到了"从群众中来、到群众中去"，群众的文化热情催生了"5＋2""白＋黑"等免费开放延时服务机制。珙泉镇文化站每天进站人数达 300 多人次，现有的 600 平方米已不能满足开放需求，镇政府正考虑如何开辟建设"第二分站"。每年全县各级理事会累计开展各类文化活动达 600 余场次，活动覆盖村社、学校、企业等，实现了群众、政府、社会资源有效整合，保证了农村群众文化活动接地气、常态化，工作有声有色，逐步形成了以群众为主体的公共文化服务多元协同机制。结合理事会创建推广工作，珙县成立了工作机构，补助工作经费，落实专职人员。依托工作力量的拓展延伸，常态化的文化活动收获了群众的点赞。月月有戏看，天天有活动，群众参与热情更高了，文化服务效果更好了。

（一）珙县农民文化理事会对文化领导权实现路径的启示

针对近年来部分农村基层文化站在管理、服务等方面存在的突出问题，在文化部（现为文化和旅游部）、省文化厅（现为省文化和旅游厅）的指导下，宜宾珙县自 2014 年试点推行农民文化理事会机制建设以来，在操作上初步实现了通过理事会把农民组织起来、立足农业和农村把文化统筹起来、做实还权赋能把农民的主体性凸显出来的目的。这在效果上既保障了基层群众的文化权益，调动了广大基层群众的参与积极性、主动性和创造性，也为进一步深化文化体制改革，推动党在广大农村的文化领导权实现路径的切实转变提供了参考。

首先，农民文化理事会是把农民组织起来的有效平台，是文化领导权由"管"向"导"的有效抓手。在文化部（现为文化和旅游部）、省文化厅（现为省文化和旅游厅）的指导下，珙县于 2014 年 6 月在珙泉镇成立了全国第一个农民文化理事会，随后在全县 17 个乡镇和部分村（社区）全面推广，采取"成熟一个建立一个"的办法，建起了"以村级分会为基础，乡镇理事会为骨干，县级理事会为引领"的、覆盖全县城乡所有常住人口的文化组织体系。近年来，组建了县级农民文化理事会 1 个，乡镇农民文化理事会 17 个，村级农民文化理事分会 146 个；[①] 各级理事会吸纳各类农民文化团队 650 余个，会聚专业协会会员 900 余人、乡土文化人才 1860 人、各类演艺人才 3300 余人，挖掘培养非遗代表性传承人 58 人，形成了强大的农村社会文化力量。[②]

农民文化理事会不仅有效解决了农村和农民文化无"组织"的大问

[①] 《珙县创新公共文化服务机制 构建文化扶贫新模式》，四川省人民政府，https：//www. sc. gov. cn/10462/10778/50000679/50000745/2019/2/28/eec2e552791a46a5ac0715c77628f5ce. shtml。

[②] 《四川珙县："三变三促"推动农村公共文化服务提质增效》，《半月谈》2022 年 12 月 19 日。

题，还有效解决了党的文化领导权在广大农村长期无坚实"着力点"的大问题。借助农民文化理事会这个组织平台，党委、政府在管导向、抓投入、建阵地、给保障等领导权的实现上得以更切实、更精准；农民的文化权益、文化需求也能得到更好的保障和满足。尤其值得强调的是，农民文化理事会在有效推进农村文化自治的同时，还有效地促进了农村文化市场的规范。如在 2014—2015 年，为加强对民间演艺团体的管理和民间演艺的市场规范，珙县在全省率先组织民间演艺人员 700 余人实施上岗培训，并分层分类进行持证上岗考试，为依法规范农村文化市场打下坚实的"自治"和"组织"基础。相比这下，在没有搭建农民文化理事会类似平台的广安，全地区 219 支各类民间文化自组织因缺乏有效的规范机制而让主管部门的"管""导"都难达到预期效果。

其次，农民文化理事会是撬动农民文化自信的有效杠杆，是文化领导权由"办"向"服"的有效枢纽。党的二十大报告指出："全面建设社会主义现代化国家，必须坚持中国特色社会主义文化发展道路，增强文化自信。"撬动中国农民的文化自信，其重大意义可谓不言而喻。调研显示，2016 年以来，在"自愿、自主、自治、自强"的原则主导下，珙县各级农民文化理事会致力于让农民"发现"自身的文化能力和优势，同时通过特长、能力挖掘促进农村各种文化的资源整合。在各类文化能手、文化领军人物的"示范"下，类似"以前从来没想过自己还能上舞台"的自豪处处可见。玉和苗族乡挖掘的苗族民歌《亚罗卡德罗》代表四川参加全国首届传统民歌大赛并获金奖，"珙桐花开"舞蹈队的《梨园梦》获 2017 年四川省"越舞越好看"广场舞总决赛冠军，都是农民文化自信被撬动之后的硕果。

文化自信被撬动，积极参与各类文化活动的文化自觉也被同步"唤醒"。在"唤醒"的动力下，群众从"旁观者"变成"参与者"，走近舞台、走上舞台，成为基层公共文化真正的建设主体和参与主体。面对日益高涨的参与需求，珙县以农民文化理事会为纽带，整合各类文化队伍，着眼群众文化需求，根据政府购买服务计划和群众的自助选择，依托农民文化理事会这一基层文化治理模式，由公共文化机构、农民文化协会开展"菜单式""订单式"公益文化服务，根据需要创作相应的文化产品，推动文化需求与文化供给有效对接。同时在自助服务中实现自我教育，通过组织活动、开展培训、宣传政策等方式，零距离传播主流文化、传递党的声音。如以服务购买的方式发动农民演艺团体自导自演各种文艺节目，"送文化下乡"成功转变为"种文化在乡"，文化领导权也在公共文化服务的多元协同中向"服务"取向转变。

最后，农民文化理事会是"种"文化于农村的有效主体，是文化领导权由"专"向"统"的有效机制。文化建设和文化服务如何植根、扎根于农村社会？如何才能实现文化领导权的刚性与农村文化的活性科学有效的辩证统一？这类近些年各级党委、政府在文化体制改革探索中的硬骨头式的问题，在珙县农民文化理事会的运行实践中，似乎有了自己的答案——在把农民组织起来的基础上，让农民自己去探索和发现适合自身区域社会特点的文化建设和文化服务方式。这客观上要求党委、政府必须站在区域经济、社会、生态、历史传统等全局来统筹文化领导权，而不是就文化领导权考虑文化领导权。为了让理事会成为真正"长"在区域社会的文化组织，珙县在理事会运行上特别注重文化事业和产业的统筹、文化与区域发展全局的统筹。如为了打造地方文化品牌，成立了"民间演艺协会""珙县书法家协会""慧多麦秆画""苗寨人家"等一批文化团体和企业，鼓励各类160多支民间演艺团队参与市场竞争，行业年产值达7800万元，市场的向心力正在吸引外出务工人员规模性返乡从业、创业。

各级农民文化理事会一开始就把"立足比较优势，服务区域发展"的本土性视为理事会生存和发展的根本。理事会不仅在保护、利用、开发、传承民间特色文化资源上发挥独特作用，还在让本土文化自觉服务于本土经济、社会、生态等方面发挥独特作用。初见成效的珙桐之乡、珙玉之乡、书法之乡、蜡染之乡、鹿鸣贡茶、龙茶花海、篮球之乡等，都可以作为在经济社会全局发展中统筹文化、在文化统筹中促进经济社会全面发展的典型。升华这些典型，就需在文化扶志与扶智并举中推动文化领导权的"专"——只盯文化领导权，转为真正的"统"——在农村区域经济、社会、生态等统筹发展中实现文化领导权。

（二）文化领导权统领下珙县农民文化理事会的发展取向

作为基层公共文化服务机制体制的创新探索，珙县农民文化理事会在牢牢把握党的文化领导权的前提下，坚持"党政主导、社会主办、群众主体"的原则，初步形成了县乡两级文化主管机构"导文化"、农民文化协会"办文化"、农民文化理事会"种文化"的"三位一体"农村文化管理服务机制，但从可推广、可持续及文化领导权的制度化探索上看，还有不少环节值得进一步探索和完善。

一是理顺关系，便于推广。从作为组织平台的农民文化理事会到符合社团规范的农民文化协会。把农民组织起来，是珙县农民文化理事会最显著的功能之一。调研显示，从文化领导权实现路径创新的维度看，农民的文化需求不仅需要被组织，而且需要以符合农村区域特点的方式去组织。如攀枝花市盐边县红格镇，以基层统战平台为载体把农民组织起来，也部分实现了类似农民文化理事会的功能。但从可复制、可推广来看，无论是理事会还是统战平台，在实现社团登记上都有这样那样的问题。换言之，农民文化理事会既需"正名"也需"正位"。据此，从组织机制的长效性看，课题组建议，珙县农民文化理事会有必要更名为农民文化协会并以此实现社团登记及在此基础上的规范化的社团管理，同时将现有的农民文化理事会退位为农民文化协会的理事机构。

在此"正名"和"正位"的前提下，进一步理顺各级协会、理事会与各级文化主管部门的关系，这是确保其科学性、推广性的关键。一方面，农民文化协会是党政领导下的群众性文化组织，本质上姓"社"、姓"民"，不姓"官"，所以必须建立完善的社团组织机制。另一方面，借助农民文化协会，实现文化"管办分离"，推进政府职能转变——政府向作为社团法人的协会购买公共文化服务，并进行评估、管理、考核，文化站代表党政行使文化阵地和设施设备的所有权，协会享有管理权和使用权。

二是还权归位，便于做实。逐步实现农民文化协会在文化自治与文化治理上"双权并举"。还文化于社会，是珙县农民文化理事会在文化建设实践上最主要的启示之一。不过，科学有序地实现这个"还"，就有必要系统梳理并逐步开列乡镇文化站与农民文化协会之间的权、责、利清单，并以此逐步规范文化领导权的微观运行，切实保障农民文化协会的自治性。一方面，各级文化主管部门需尽快将向农民文化协会购买公共文化服务制度化，以支撑协会的日常运行；同时以购买的规范化引导协会的市场意识，促进协会的自治"自觉"。另一方面，需进一步探索群众参与的各项机制，畅通群众文化需求反馈渠道，引导群众参与协会机制建设、管理和监督，让文化协会的自治成为机制化的"共治"。

尤需重视的是，农民文化协会在切实提升农村文化自治水平的同时，还具有突出的治理功能。一方面，自治意味着自律，随着协会自治水平的提升，抵制"三俗"、遵纪守法的自觉性随之提升，文化领域的治理效果随之显现。另一方面，在文化影响力的牵引下，素质向上、乡风文明、村容整洁逐步显现。珙县近两年信访率、犯罪率大幅降低，社会文明度、和谐度大幅提升就是佐证。这也就是说，科学有序地赋予农民文化协会以文化自治权和文化治理权，既有利于文化领导权统领下的农民主体性的不断实现，也有利于文化作为要素在基层社会发展上的统筹。

　　三是建章立制，便于规范。以推进农民文化协会的标准化保障基层文化领导权实现路径的制度化。作为基层公共文化服务的长效机制，农民文化协会需在国家公共文化服务体系建设标准的指导下，进一步完善《农民文化协会建设创建规划》《农民文化协会机制建设实施方案》《农民文化协会建设标准及流程》《农民文化协会章程》《公共文化服务购买实施细则》等纲领性、导向性文件，以系统推进基层公共文化服务的"服务功能综合化、设施建设标准化、内部管理规范化、活动开展常态化、群众监督公开化"。

　　同时，进一步加强县、乡镇、村三级文化人才队伍建设，足额配齐乡镇文化专干；探索政府购买基层文化服务的途径和办法。以经费、人员等要素配备的制度化，保障基层文化领导权在实现与农民文化协会良性互动中不断提升其制度化水平。

| 第四章　城乡互动：重塑乡村文化自信的蒲江经验

"人类在其演化历史中渐渐发育出其他动物所不具有的意识和理性，意识和理性与身体上的其他部件和品性一样，是他们的生存手段。而意识与理性的产物——文化，同样是人类生存的手段，甚至后来成为他们的生存方式。"[①] 文化随着生物的进化而不断演化，人类衣食住行、生产娱乐及所思所想无不点点滴滴积淀出人类的各样文化，如郑也夫先生在《文明是副产品》中说："文明不是可以计划的，不是人类的目的性行为所决定的。"

一、城乡文化与城乡文化互动

"按照事物的自然趋势，每个处于发展中社会的大部分资本的投入顺序，首先是农业，其次是工业，最后是国外贸易。我相信，在所有拥有领土的社会，投资总是在某种程度上遵循这种极自然的顺序。总是先开

---

① 郑也夫：《文明是副产品》，中信出版社 2015 年版，第 287 页。

垦了一些土地才能建立很多城镇；正是城镇里那些粗糙的制造业的持续经营，才使人们投身于国外贸易。"① 亚当·斯密如是说。他提出的"自然的顺序"阐明了产业产生和发展的先后顺序，也说明了乡村和城镇之间的初始关系，并揭示了城镇与乡村是基于制造业、商业和农业的分工而分立。

（一）城乡文化的理论研究

曾经，受城乡二元结构影响，城市社会与乡村社会泾渭分明，城市文化与乡村文化也并行不悖。改革开放后，城乡二元结构被打破，随着城乡关系热度升高，城市文化和乡村文化的关系也进入理论探究的视野。在城乡文化关系的理论研究方面，存在不同观点。

一些学者认为城乡文化关系主要表现为冲突，即城市文化对乡村文化是强势入侵，而处于防守的乡村文化也同时产生对抗。不少学者分析了城乡文化冲突的原因，并对城乡物质、制度、精神等方面的差异性进行了比较。

也有学者认为城乡文化关系处在前所未有的融合当中。但是他们都承认城乡文化是存在尖锐冲突的，只是另一面是对话、交流、融合。曾菊新、祝影两位学者更是认为城乡文化冲突就是城乡文化融合的前奏和具体表现。他们认为碰撞、冲突与融合本就不可分，两种文化在碰撞中进行文化整合，各取所需，各去其弊。这种城乡文化融合论将文化冲突与整合视为一体，将冲突看作整合的一部分，保留了文化的完整性，符合文化差异性与习得性、延展性共存的特点，值得学习借鉴。②

还有一些学者则提出城乡文化关系是对立统一的。这符合马克思主

---

① 亚当·斯密：《国民财富的性质及其原因的研究》（上卷），郭大力、王亚南译，商务印书馆 2002 年版，第 16 页。

② 曾菊新、祝影：《论城乡关联发展与文化整合》，《人文地理》2002 年第 8 期。

义辩证统一的观点。翁志超曾明确提出过当前城乡文化的冲突越来越明显，只有找到两种文化的共性才能突破这个瓶颈，从而实现城乡文化融合。张小飞、郑小梅在分析引发城乡文化矛盾三诱因的基础上，进一步提出了实现城乡文化融合的建议。[①] 蔡章伟、王国胜、樊晓燕等学者从不同角度印证了城乡文化间既矛盾又融合的复杂关系。城乡文化矛盾统一论体现了两种文化间辩证的关系，但研究者在运用这个理论时通常把城乡文化矛盾作为现实困境来重点探究，而将城乡文化融合作为将要实现的目标，这实质是将城乡文化的矛盾与融合作为城乡文化交融过程中的两个阶段来讲，将矛盾与融合分离在不同的时空内。

综上所述，国内学者关于城乡文化关系的研究主要分为三种，分别是城乡文化冲突论、城乡文化融合论、城乡文化对立统一论。

（二）城乡文化互动缘起

从事农业的人们建成乡村聚落，历经漫长的农耕生产和生活，这群人逐步形成共同的生活习惯、思维方式、观念信仰等，他们不仅对此高度认同，而且一代一代予以传承，这些生活习惯、思维方式、观念信仰不仅影响、制约着特定区域的每一个人，也随着当地历史发展、社会变迁而不断演进。乡村文化基于农耕，人随地居，人群几乎没有流动性，因而能够形成相对封闭的环境，小环境内是世世代代生于斯、长于斯、故于斯的熟人社会，不同封闭环境之间则不常往来，如《道德经》言："鸡犬之声相闻，民至老死不相往来。"这样的环境产生的乡村文化，重德行、尊长辈，邻里相帮、亲戚互助，维系长期人际关系，并不注重单次精细算计。当然相较于城市文化，乡村文化不太重视个人的独立人格，

---

① 张小飞、郑小梅：《城市化进程中城乡文化的冲突与融合》，《历史与文化》2012 年第 9 期。

不太有分秒精确的时间观念，这是农耕的集体合作（至少以户为单位而不是个人）、聚落的互助共生、农业生产的漫长周期等因素决定的，不能说其落后。乡村天然牢不可破的血缘关系和地缘关系并不支持独立的个人人格，个人更多隐藏在血缘和地缘形成的这张网中，从此受益，也困至于此。费孝通老先生称之为差序格局：我们的格局像是把一块石头扔到水面所发生的一圈圈波纹，每个人都是他社会影响所推出去的圈子的中心。"我们社会中最重要的亲属关系就是这种丢石头形成同心圆波纹的性质。"[1] 在这样的格局中没有明确的公与私，群己权界也无从谈起。

当城镇建立，城镇的人们从事的不再是农业而是手工业、商业，甚至服务业，生产方式、生产关系发生了根本性变化，其社会结构、社会关系也随之而变，人们的思维方式、行为习惯也极大改变，城市文化逐步形成。狭义地看，城市文化是城市形成发展的过程中，由组成它的社会人群创造、发展、总结起来的知识体系、意识形态等非物质性的人类智慧的凝结。这是人类在自我发展、产生城市、从农耕走向工商业化的过程中自然生成的物质和精神财富的总和。城市文化强调竞争意识，鼓励奋进，重视独立人格，权力与义务界限明确，产权明晰，与乡村文化比较，多了功利，少了熟人社会的温情脉脉。

从人类发展史看，人类从采集狩猎的时代进入农耕时代，农耕对采集狩猎是替代性的，即使阶段性地存在采集狩猎与农耕并存现象，由于纯粹从事采集狩猎的人群与纯粹从事农耕的人群难有交集，也就不存在采集狩猎文化与农耕文化碰撞融合的情况；即使为了增加生存机会，同一人群在同一时空既采用农耕方式获取食物又以采集狩猎为补充，也不会形成文明的冲突和文化的交融。只有完全不同生产生活方式在同一时间不同空间存在，各自形成不同文化，而具有不同文化的人出现大规模

---

[1]　费孝通：《乡土中国》，北京出版社 2005 年版，第 32 页。

相遇、交流、互动，才会产生文化的冲突、竞争、融合。

乡村文化与城市文化如同上述，在同一时代不同空间存在着，从事农耕与养殖等事业的人们依旧传承着千百年来的农耕文化、乡村文化，进行着极其缓慢的、难以明显感知的消极演变。城镇的手工业进一步发展出城市的工商业，城市文化登上历史舞台，成为世界的主流文化之一，与乡村文化并立。但是，因为城乡的相对隔绝，城市的人们长期居住在城里，甚至一辈子没有去过乡村，同样农民们居住在乡村，甚至一辈子没有出过村子，即使有人游走于城市和乡村，也是极少数，两种文化谈不上直接的冲突与交流。直至我国出现大量农村剩余劳动力到城市谋生，城市现代化的产品和生产生活方式以及商业行为进入乡村，城乡之间人才、物资、信息等各种资源交换、流动、融汇，乡村文化与城市文化随之碰撞，有矛盾冲突，也有惊喜呈现。"文化进化中的最大变异每每产生于文化间的杂交"①，这是文化进化史给我们的经验，依此，乡村文化与城市文化的碰撞很大可能实现新一次的文化间杂交，成全文化进化。

（三）城乡文化互动现状

从 1949 年新中国成立到 1978 年，为了大力发展生产力，巩固新生政权，国家将城市与乡村分隔，严格的户籍制度也极大地限制了城乡人口流动，城乡二元结构逐渐形成并固化。城市社会与乡村社会分处不同的独立空间，在就业、粮油供应、教育、文化等诸多方面运行着两套不同的制度，城乡之间人口基本不流动，尽管 1954 年我国的第一部宪法赋予了公民自由迁徙的权利。"对城市地位的看重和偏爱，才引致观念、制度和政策限制人们择城而入、择地而居的自由。"② 城市与乡村之间像是

---

① 郑也夫：《文明是副产品》，中信出版社 2015 年版，第 295 页。
② 周其仁：《城乡中国》，中信出版集团 2017 年版，第 42 页。

竖起一道无形的屏障，阻隔了不同空间的人，也阻隔了城市文化与乡村文化之间的交流。两种差别很大的文化在各自空间平行演化，愈加渐行渐远。城市逐渐摆脱了数千年的传统农耕文化，逐步接受工商业文化，也为改革开放打开国门和实现以经济建设为中心奠定了基础。而乡村一直保留着上千年的农耕传统，除了少量类似于拖拉机的现代工业工具的使用。乡村文化几乎保持着静止不变的状态，除了个别非正常影响。

1978 年是具有标志性意义的转折之年，党的十一届三中全会宣告了"改革开放""以经济建设为中心"，逐步开放的不仅仅是国门，也是城乡之间互联互通的通道。同年，安徽凤阳小岗村 18 位农民，以"托孤"的方式，冒着坐牢的风险，在土地承包责任书上按下红手印，立下生死状，次年小岗村实行包产到户，开家庭联产承包责任制的先河，当年，小岗村粮食大丰收。1980 年 5 月，邓小平同志在一次重要谈话中公开肯定小岗村"大包干"的做法。1980 年 9 月，中央下发《关于进一步加强和完善农业生产责任制的几个问题》，肯定在生产队领导下实行的包产到户，不会脱离社会主义轨道。1982 年 1 月 1 日，中国共产党历史上第一个关于农村工作的一号文件正式出台，明确指出包产到户、包干到户都是社会主义集体经济的生产责任制。农村家庭联产承包责任制确立，提高农民生产积极性，解放农村劳动力，农村剩余劳动力流向城市，为城市经济建设提供了人力资源。随着农村劳动力大量进城，城乡文化也开始发生普遍接触、碰撞。

但是，相当长时间内，城乡间人群的流向是单向的，农村剩余劳动力流向城市成为农民工，农村的孩子通过当兵、考大学等方式，努力摆脱农村生活进入城市，跳出"农门"成为年少时的最大志向。直到近十年来，一些城市资本才渐渐地流向农村，人群成规模流向乡村也是最近几年的事情，农民工返乡创业、脱贫攻坚乃至当前的乡村振兴，曾经进城的农民返乡，还有为数不少的城市人群到乡村寻找机会和资源，相较以往，这是人群的逆向流动，这种流动规模会越来越大，逐步地，人群从乡村到城市、从城市到乡村的双向流动会成为常态。这期间，政府的行政推动力起了很大作用。如影随形的城市文化和乡村文化将进一步实现融合，甚至经历长时间互动后很可能会重塑出新的文化形态。

当前，我国城乡文化互动的研究和实践中存在的问题——城市文化是先进文化、乡村文化是落后文化，试图以前者替代后者，乡村文化自信亟待恢复。一直以来，大多数人包括相当一部分学者都认为，城市是现代化的表征，城市文化是文化演进到更高层次的表现形式，具有先进性。于是城市对应的是现代，现代的就是先进的；农村对应的是传统，传统的就是落后的。如同我们在前文提到的，农耕文明取代了原始的采集狩猎文明，因此前者往往被认为更加先进。而城市文化后发于乡村文化，人们往往同理推定前者先进、后者落后，落后的应当被淘汰，因此前者必然替代后者。实践中，在推动乡村文化演进、革除陋习时，一些地方也不乏将与乡村生产生活和村民思维、习惯不匹配的部分城市文化强势移植到乡村。

现实中，在政治、经济、社会、文化等多个方面，城市都处于强势地位，乡村处于弱势。城镇化进程中，带有浓烈"城市中心主义"的文化形态影响着人们，乡村文化被边缘化甚至消亡。农村剩余劳动力大量涌入城市，为城乡之间打开一扇大大的窗，初时，城市居民并不主动走入农村，只是通过这扇窗窥见农村，不少城市人站在自己的角度拥有莫名的城市文化优越感。而村民更多以人员迁移的方式进入城市工作并生活，跟城市居民近距离接触，触碰城市文化。但是第一代农民工，带着浓厚的乡村文化到城市社会硬着陆，行为习惯、思维方式都与城市格格不入，缺乏认同感、归属感，难以融入城市，像迁徙于城市和乡村之间的候鸟，在城里挣钱，回农村盖房子，家在农村，叶落归根。从精神上、文化上讲，他们是归属于农村的，他们认同的依然是乡村文化。新生代农民工与父辈不同，但凡有可能，他们都会尽力在城镇购买商品房，把家安在城里，让自己的孩子在城里的学校念书。他们中相当一部分人内心认同城市文化的先进性，而且他们中很多人已经完全丧失务农技能。

由此可见，时至今日，并列的城市文化与乡村文化关系中，前者都后来居上地占据着先进的、文明的、现代的制高点，乡村文化无论在城市居民还是乡间村民眼里都是相对落后的，城市居民的优越感和乡间村民的自卑感并存。乡村文化亟待从自卑的状态中走出来。城市文化和乡村文化，在当代，不可避免地依次出现：相互接触，接触中发生冲突，冲突中几经磨合并实现整合。只是在不同地方以这样或那样的不同形式出现。本章以下部分即以成都市蒲江县的两个村作为两种典型形式予以对照阐述。

二、蒲江城乡文化互动的运行实践

蒲江县隶属四川省成都市，位于成都平原西南边缘处，县域"三山"（长秋山和大、小五面山）夹"两水"（蒲江河、临溪河），属四川盆地成都平原区，分为平坝、丘陵（深丘、浅丘）和山地三种地貌类型。平坝地貌主要有蒲江河冲积平坝和临溪河冲积平坝，丘陵地貌主要有大、小五面山浅丘和长秋山二台浅丘、深丘，山地仅有长秋山山地。蒲江县属四川盆地中亚热带湿润气候区，年平均气温 16.3℃，夏无酷暑，冬无严寒，年平均降雨量 1196.8 毫米。这样的地貌和气候等环境条件为蒲江农业发展奠定了优厚的自然基础。

蒲江的历史久远，可追溯到约公元前 1046 年武王伐纣时，"牧野之战"的讨伐大军中的一支就由濮人组成，这是西南地区的古老民族，而现在的蒲江地区就是当年古蜀先民濮人的主要生活区域，"蒲"同"濮"义。常璩在《华阳国志·蜀志》中指出："孝宣帝地节三年（公元前 67 年），罢汶山郡，置北部都尉。时又穿临邛蒲江盐井二十所，增置盐铁官。"刘昫指出："蒲江，汉临邛县地。后魏置广定县，隋改为蒲江，南枕蒲水故也。"可见，"蒲江"之称西汉即有，蒲江设县，始于西魏。新中国成立后，1950年，蒲江县属川西行署区眉山专区。其间，行政归属几经变迁，至1983年，蒲江县划归成都市管辖。今天的蒲江县位于成都、眉山、雅安三市交会处，毗邻天府新区，属成都"半小时经济圈"，全县面积约583平方千米，辖2街道6镇，总人口约26万人，森林覆盖率66.94％，是全国首批、全省唯一的国家生态文明建设示范县。蒲江是进藏入滇的咽喉要道，川藏铁路、成蒲铁路、成雅高速、成都经济区环线高速等穿境而过，交通条件优越。

对照成都市其他区县，蒲江县在生态和农业方面是具有明显的比较优势的，其"十三五"期间的成就中可圈可点的有："绿色产业体系实现新提升，制造业主导产业支撑作用凸显，装备制造、生态食品两大产业产值占规上工业总产值比重达73.3％；现代农业品牌价值不断提升，新获批'蒲江丑柑''蒲江耙耙柑'2个国家地理标志证明商标，'蒲江雀舌''蒲江猕猴桃''蒲江丑柑'三大地标产品均进入中国区域品牌价值榜前50""蒲江现代农业产业园被认定为国家现代农业产业园""城乡融合发展取得新成效，公园城市体系初步形成，城市有机更新有序开展，乡村振兴战略深入实施，在全市率先实现幸福美丽新村全域覆盖，获评全省首批实施乡村振兴战略先进县、首批省级全域旅游示范区"。生态和农业是蒲江县的底色，也是蒲江县具有的其他区县难以比肩的得天独厚的条件。蒲江县立足自身优势，在"十四五"规划中提出"全力打造国际生态旅游度假目的地、智能制造引领地、西部现代农业新高地、高品质生活宜居地，全面提升城市发展能级和核心竞争力"。

成都范围内，蒲江县是典型的农业县，其乡村社会的本真性保留得比较好，且蒲江位于成都三圈层，不可避免地受到成都城市文化的辐射，因此把蒲江，特别是极具典型性的差异样本村——明月村和箭塔村作为乡村文化和城市文化互动的样本，是具有代表性的。

（一）明月村：乡村文化被动承接式城乡互动

明月村面积 6.78 平方千米，辖 15 个村民小组，共 723 户，总人口 2318 人（农村人口 2218 人）。社区有 2 个农民集中居住区：明月新村和明月小区。现有村社干部 20 名，一个党总支部，三个党支部，下设 6 个党小组长，党员 82 人，议事会成员 29 人，监事会成员 5 人，综治巡逻队员 6 人。全村耕地面积 3470.41 亩，森林覆盖率 46.2%。明月村以雷竹、茶叶、文创项目为主，柑橘、猕猴桃为辅。2022 年，明月村雷竹面积 8000 余亩，茶叶面积 3000 亩，文创项目 50 多个。

而在社会公众，尤其是旅游玩家的概念里，明月村实际指的不是行政村，而是明月陶艺村。陶艺村的建成源于一次偶遇。李敏是来自景德镇的陶艺"发烧友"，2012 年，他在明月村发现了一口邛窑系老窑——即现在的"明月窑"。经专家考证，老窑的窑龄达 300 多年，是邛窑中典型的"龙窑"，后被誉为"活着的邛窑"，其烧制工艺沿用自唐代，一直到近现代都在烧制民间日常生活器具，后因汶川地震受损而停烧。李敏提出修复古窑、打造明月国际陶艺村、成立陶瓷文创产业区的构想，得到蒲江县委、县政府倾力支持，明月陶艺村于 2012 年签约落户甘溪镇明月村。次年 4 月正式启动，当时计划投资 2.45 亿元，以明月陶艺村项目为核心，整体规划用地为 187 亩，用 5 年时间打造西部第一、国内外知名的"陶艺村"，使之成为特色鲜明的文化创意产业与乡村旅游互动、产村融合发展模式的样板。整个项目的文化源头是当地的"明月窑"。2014 年，陶艺村举办"明月窑"开窑仪式，正式对外开放，接待陶艺爱好者和游客。2014 年 12 月，蒲江县明月国际陶艺村项目工作领导小组应运而生，由时任蒲江县委副书记、县长刘刚任组长。在发展过程中，领导小组积极探索出"党建引领、政府搭台、文创撬动、产业支撑、公益助推、旅游合作社联动"的发展机制。在明月村的建设和发展过程中，我们不难看出党委、政府在积极主动地参与。

如今，明月村被打造成乡村旅游网红打卡地，乡村文创的典型村。据甘溪镇政府网站公布数据：2022 年，明月村接待游客 23 万人次，全村人均可支配收入达 2.7 万元。明月村先后获评"全国文明村""中国乡村旅游创客示范基地""2018 年中国十大最美乡村""2019 年中国美丽休闲乡村""全国乡村旅游重点村""文化和旅游公共服务机构功能融合试点村""全国乡村治理示范村""中国传统村落活化最佳案例"等 40 余个国家、省、市级殊荣，入选"联合国国际可持续发展试点社区"，还被中央电视台、《人民日报》等主流媒体及多家知名新闻媒体报道，也出现在国内各大旅游网站上。

城市文化与乡村文化的互动在以下几个方面体现得较为突出：一是新村民助力，文创撬动。明月陶艺村是作为一个项目来运营的。初期就被定位以陶艺手工艺为主的文化创意聚落与文化创客集群，新老村民共创、共享的幸福美丽新村。自 2015 年始，陆续有 100 余位艺术家、创客成为"新村民"，入住明月村。他们富有创造力，在各自领域都有影响力。还有人通过"招、拍、挂"的方式获得土地的使用权，在村里创建文创项目；有的租赁当地村民的闲置房屋，改造成文创工作室。目前，明月村共引进文创项目 50 个，其中 30 个已经建成并对外开放。① 明月村第一批新村民包括宁远、李清、廖天浪、熊英、李南书、施国平、李敏等。四川卫视的主持人宁远在明月村打造了以草木染为主题的远远的阳光房；著名的陶艺艺术家李清在这里建了工作室；陶艺家、火痕柴窑创始人廖天浪投资建设了火痕柴窑明月工坊；诗人"阿野"建了晤里客

---

① 《四川明月村：文创点亮乡村振兴之路》，成都市蒲江县公众信息网-甘溪镇，2021 - 10 - 27，http：//www. pujiang. gov. cn/pjxzf/c114087/2021 - 08/03/content_5de0c4ca0b8a4204b8856 128ef894316. shtml。

栈……二是商业化运作，产业升级。甘溪镇党委、政府坚定"茶山·竹海·明月窑"发展思路，深化"农、商、文、旅"融合发展。茶叶和雷竹是明月村历来就有的农副产品，在陶艺村引入文创以后，文创又与茶和笋发生了"化学反应"。明月村已连续9年举行"明月村春笋艺术月"，连续5年举行"明月村中秋诗歌音乐会"，推出"上巳节诗会""大地民谣音乐会"等品牌文化活动，常态化开展陶艺、篆刻、蓝染、书画等展览活动，村里也打造了"明月酿""明月果酒""明月陶"等文创品牌以及"明月雷竹笋丁""明月手工茶"等农创品牌，通过活动带动品牌影响力，并促进农副产品销售。三是以文促农旅，壮大集体经济。2015年，由村集体、村民、政府按等比入股，设立了成都明月乡村旅游专业合作社。合作社统筹明月村范围内的旅游项目建设、运营和乡村旅游发展，指导村民开设特色餐饮、精品民宿，参与乡村旅游项目，整个村庄形成共创、共享的良好发展态势。目前，村民已发展乡村旅游项目30余个。除此之外，明月村还挂牌了"国家西部旅游人才培训基地乡村旅游实训点"。专注乡村文化、乡村建设和乡村发展的明月讲堂每月举行1期，相关领域的理论研究者和实践者通过讲堂宣讲观点并互相交流对话。

与此同时，课题组多次到明月村调研期间也发现一些潜在的问题，或者说如果现阶段处理得不好，可能引发明月村未来衰败的隐患。概而论之，明月村是城市文化强势进入乡村的典型，此间，乡村文化并不能形成与城市文化平等的对话、对抗、交融，更多扮演配角或者旁观者。具体表现如下：第一，陶艺村作为运营项目与本地居民分地而处。明月陶艺村，是当地专门划地修建的项目，原先住在此地的本村居民已经被整体迁出，安置于附近的集中居住区，少数居民在陶艺村运营自己的客栈、农家乐之类的项目，老村民一般很少将此地当作自己的地方常来常往，而认为这是游客来玩儿的地方。作为项目而存在的陶艺村与本地文化和本地村民缺乏共生性。第二，这些新村民更准确地讲只是名义上的新村民。陶艺村的发展过程中，名人效应起到了很大的带动作用。但很多时候是"成也萧何，败也萧何"，名人们虽然在此建了工作室或者其他项目，但并不在此常居，甚至是偶尔才来，有的一两年也未必来一次。有时来举办一次活动，往往自带一群朋友，来谈诗论酒。新老村民之间没有较多的往来。第三，曾经废弃的"明月窑"是陶艺村建成的因由，也是陶艺村在此与本地文化结合的根源所在。但从目前的运营看，明月窑并不以生产为主，更多的是让游客体验。这样的根生命力有限，也会逐渐丧失与本地文化的紧密联系。包括这种体验在内的明月村的诸多项目，与明月村之间并无谁也离不开谁的共生关系，具有高度的可复制性。若非节假日或者有重要人物参观，陶艺村大多数店铺是关闭的，少有游客，本地居民也少入内，多有荒凉感。旅游网站将明月村宣传为"文艺青年的理想乌托邦"，这更像想脱离城市喧嚣的边缘城市文化到乡村挤占一块空间。

甘溪镇政府网站特色产业栏目，从 2008 年 10 月 14 日到 2021 年 8 月 3 日的 20 条信息中，明月陶艺村就占了 9 条，一方面可以看出党委、政府对明月陶艺村的重视程度，另一方面也能看出政府是从经济角度考虑将其作为产业来对待。明月村目前仍然是蒲江县倾注力量打造维持的重点项目，也时常会举办一些活动，节假日也能游客如织，平日里几家有格调的客栈还是有一定入住率的，总体看还能运转。笔者认为这或许得益于其地处成都，有巨大的消费力支撑，若是放在他处，三五年光景可能就荒废了。但即使是明月村，在全国各地都高扬文旅融合大旗、发展乡村旅游、建设美丽新村的大背景之下，未来并不具有更多的竞争优势。究竟还能走多远，我们拭目以待。

（二）箭塔村：城市文化助力升级式城乡互动

箭塔村与明月村紧邻，村里有座塔，名箭塔，村名即得之于此。箭塔在县志上称"甘溪宋塔",位于甘溪乡箭塔村、临溪河畔,乡人称"蛮塔子"。塔身硕伟,宋代火砖砌筑。砖长1尺、宽5寸、厚1寸,质地坚牢。塔已倾圮,残存底座两层,上大下小。底层高丈许,坐东向西,有门可入。1982年10月,列为县级文物保护单位,并采取保护措施。[1] 箭塔的具体修建年代并不可考,不过考古确定是宋塔,那也有千年左右的历史了。

箭塔村面积4.06平方千米,辖13个村民小组,共546户,总人口1717人。有2个农民集中居住区:箭塔别苑小区和龙箭小区,其中龙箭小区和龙泉社区共有。现有村社干部17名,网格员2名,一个党总支部,2个党支部,下设4个党小组长,党员72人,议事会成员23人,监事会成员5人,综治巡逻队员4人。全村耕地面积2384亩,林地面积576亩。箭塔村以茶叶、猕猴桃、柑橘为主导产业,生猪为辅。目前,村茶叶种植面积1400余亩,猕猴桃716余亩,柑橘1000余亩。茶叶加工厂1家。2019年人均可支配收入22610元。农业专业合作社3个,企业2个,规模养殖场4个,主导产业不明显。[2]

箭塔村同属甘溪镇,与明星般的明月村相比,箭塔村一直以来默默无闻。在甘溪镇的政府网站上出镜率最高的村是明月村,其次是藕塘村,很难看到关于箭塔村的信息。箭塔村的乡村文化与城市文化互动与一些人的故事密切相关。

1. "猫书记"伍茂源

箭塔村地处大成都范围内,这里的村民与城市居民间的接触不是罕事,城市文化叩击箭塔大门也应该很早就有,但以茶叶、猕猴桃、柑橘

---

[1] 《蒲江县志》,四川人民出版社1992年版,第676页。

[2] 《箭塔村基本情况》,成都市蒲江县公众信息网-甘溪镇,2021-10-27,http://www.pujiang.gov.cn/pjxzf/c114086/2020-04/24/content_ba6b81f997f74230a0f23176f33352b4.shtml。

种植为主的农业村并没有大面积与城市交融，依然保持了作为村庄的宁静缓慢，与城市文化的接触总是浅尝辄止，且多止于农副产品交易。直到 2016 年，一个年轻小伙子到来，他就是伍茂源，人称"猫书记"。作为高校毕业的高才生、体制内的公职人员，伍茂源带着浓烈的城市文化深入乡村腹地，产生了城市文化与乡村文化的"化学反应"。

2016 年 6 月，时任成都市政协办公厅副主任科员的伍茂源，参加了成都市第三轮第二批精准扶贫帮扶工作，来到箭塔村担任"第一书记"。箭塔村跟诸多乡村类似，很多年轻人外出打工，村里剩下的人不多，而且人心不聚。初时伍书记想通过大型活动凝聚人心，试图搞腊肉制作比赛，推行过程中发现村民并不接受量化的评比规则，只认可最好吃就是第一，然而每个人的口味不同，主观评判又难以服众，他深深发现城市文化的规则感和工具理性与乡村状态格格不入，只好作罢。他一直思索："只要能盘活箭塔村的历史文化资源，就可以通过乡村文化的传承传播，带动村子的经济增长引擎。"同年底，时任村支书高永强介绍："以前，每家每户都要养猪，一到年底村里人会把养了一年的猪用来祭祀，邀请亲朋好友聚餐，一起吃年猪肉。剩下的肉则经过腌腊制作后，挂在墙上来年享用。"这就是"年猪祭"民俗。只是因为村里人少了，冷清了，过年时"年猪祭"也就没人弄了。伍茂源当即决定带领村民们把这个民俗盘活。那年春节前夕，200 多名市民从成都赶来村里参加"年猪祭"。箭塔村的文化旅游也在这一年开始了，村里人制作的农家味香肠、土鸡蛋、新鲜瓜果蔬菜挂在自家门口售卖，城里人也能在村里吃九大碗，逛乡村集市，体验农家年味。而整个"年猪祭"活动是在伍茂源的动员下，村民自己组织起来的，当时一名村医生、乡村企业家和返乡大学生三人是活动的坚定支持者，起到了很大的带动作用。从此，每年春节都搞"年猪祭"，即使因为新冠疫情取消实地活动，村子里的人也用微电影记录下这项民俗，传到网上与城里的人们共享。

两年的驻村，扶贫工作结束后，离开箭塔村的伍茂源感觉空落落的。很快他不顾家人反对，于 2018 年，辞去公职重新回到了箭塔村。当年高考以广安岳池县"文科状元"的身份考入暨南大学、研究生保送至四川大学，文化素养和文学修养都很高的伍茂源决定扎根箭塔村。他说："流转在城市和乡村的这几年，发现自己在质朴的村子里更有归属感。"他要"在村里做一个陪伴者，主要的工作就是扎根大地，在地上画窗子。有了窗子，便会有阳光；有了阳光，万物自会生长"。数年来，他以社区激活村民参与乡村振兴的主体性，他认为一个乡村要发展和振兴，需要的东西远不是几个项目就可以满足的，"留下一个可以深耕乡村、长期开展社会化服务的人才团队是关键"。为此，他创办了吾乡乡村创业孵化器，为有志参与乡村振兴的人们提供全方位的支持，"它就是为解决驻村人才和在地人才面临的各种困境才出现的"。他还试图建立一个乡村振兴社会化服务平台，做"最后一公里"链接的转化者，为乡村振兴培育自组织，即"培育村民支持其他村民"，解决乡村振兴中内生动力的问题。他对村民说："最好的资源是你们自己。"他对自己的团队说："我们的目标是消灭我们自己。扶着村民、陪着村民，哪一天他们不再需要我们，我们的目的就达到了，价值也就实现了。"

2."新村民"洪文兴

1999 年 6 月中央电视台《天涯共此时》栏目播放了专题片《台湾种枣人家》，翔实地介绍了家居台湾屏东县蜜枣之乡的洪文兴先生，携妻带儿，扎根琼岛，为发展海南热作高效农业，不辞劳苦，穿梭两岸，引种台湾"高朗一号"印度枣，在文昌市抱罗镇承包 400 亩荒坡试种两年，终于成功的事迹。

洪文兴老师退休后于 2017 年迁居四川蒲江，致力于向农户传播先进农艺。多年来，洪老师一直常住箭塔村，指导村民进行生态种植，其毕生积累的精品农业管理技术与国家地理标志农产品"蒲江猕猴桃"相遇，成就了肉质紧实有布丁口感的红心猕猴桃。现在越来越多的农户向洪老师学习，采用无化肥（有机肥替代化肥）、无除草剂（人工除草替代除草剂）、无高毒农药（主要使用生物农药）的生态种植方式，让红心猕猴桃的香味更醇正、糖度更高、保质期更长。

3. "乡土作家"卢树盈

卢树盈，乡土作家。2009 年她开始写网文，在网上写了三本书。2011 年开始在《百家故事》《故事会》《成都百姓故事》《华西都市报》等诸多报刊发表作品，其中《草原上的婚礼》被 10 多家刊物转载，并在省级征文比赛中获奖。之后她一直笔耕不辍，获得不少奖项。现在，卢老师是中国民间文艺家协会会员、四川省网络作家协会会员、成都市作家协会会员。

2018 中国故事节·枫泾廉政故事会于 2017 年 5 月启动，共征得来自全国的有效稿件 1000 多篇。蒲江县的作家卢树盈以伍茂源为原型创作的乡土文学故事《送你一把草》脱颖而出荣获一等奖，而后经过专家严格评审和读者投票，最终提名为 2018 年度"中国好故事"。2019 年 1 月卢树盈又受邀到北京人民大会堂，参加中国文联的团拜会。2021 年 1 月 27 日，成都市作家协会为卢树盈乡村作家工作室授牌"成都乡村振兴文学创作基地"的仪式，在蒲江县箭塔村举行。这是成都市作家协会首次举行"成都乡村振兴文学创作基地"授牌仪式。

卢老师本是雅安人，跟丈夫一直在雅安谋生计。因为丈夫是箭塔村人，所以对箭塔村情况多有关注。几年前，她在朋友圈惊喜地看到，热闹的"年猪祭"吸引来了不少城里人，罗仪梅的蒲草茶席还在 2017 年进入了澳门新打造的文创平台"亚洲嘉年华"，村里举行的"丰收秋社""亲子游""社区游学"等活动也激活了乡村的力量，乡亲们在自家门口也能卖掉腊肉香肠、土鸡肥鸭、鸡蛋鸭蛋、新鲜蔬菜、柑橘茶叶……这一切在卢老师内心深处埋下了一颗她也没有察觉的种子。2018 年，时任箭塔村第一书记的伍茂源对卢树盈说："卢老师，我真的希望你可以成为箭塔村的安徒生与格林。"这位乡土作家内心深处那颗种子才破土而出，"卢树盈乡村作家工作室"最终落地在箭塔村临溪河畔。平日里卢老师就是一个普通的农村妇女，种地采茶做农活，她做的香肠腊肉特别好吃，跟丈夫一起经营几间民宿，每日都可以留出时间写作。她写箭塔村，身边的人和事都可能成为她长篇小说人物的原型。她为村里的研学活动写剧本，开展参与式戏剧表演。更可贵的是她定期举办公益文学课，孩子成人都可以免费参加。

乡村文化就这样以文学的形式见诸乡土作家的笔端，并且潜移默化地在村民间传播开来。目前箭塔村的微信公众号"乡约箭塔"的推文很多都由村民撰写，包括孩子们。"只要努力，再卑微的梦想也值得尊重。"从卢老师的这句话中能够深深体会到村民的自尊与自强，无数村民的自尊和自强汇聚起来就是乡村文化的自信。箭塔这片土地滋养着这里所有人的梦想，也培植着一种文化自信。

4. "以'蒲'之名"罗仪梅

蒲草，是蒲江人对蒲蔺的称呼，对于蒲江县和箭塔村而言，皆有着十分特殊的意义。构成现代蒲江主体的古蒲江县和古临溪县（据《隋书》，临溪古名蒲溪），皆是县以水名，水以蒲名。蒲草，是蒲江的灵魂名片。蒲草编织技艺传承数千年，融入到蒲江人生活的方方面面。但随着化学纺织业的普及和其他经济作物的崛起，数十年间，蒲草就在蒲江消失不见，传承千年的蒲草编织技艺也濒临失传。

新繁棕编（国家级非遗）传承人刘俊英老师主动提出要帮忙解决蒲草的原材料处理工艺，并收了箭塔村艺美社的负责人罗仪梅为弟子，将几十种独门手法贡献出来，全力支持箭塔村恢复并创新蒲草编织技艺。著名设计师殷梦冰老师希望蒲草技艺能更贴切地融入现代生活，认为可以将乡间的质朴和都市的时尚编织在一起。恰好箭塔村盛产茶叶，她便提议将传统的蒲席升级为雅致的茶席。蒲草编织的茶席积蓄着蒲江和南丝绸之路的千年底蕴，箭塔人制作的茶席被带入澳门文创平台"亚洲嘉年华"。

罗仪梅带领 28 名妇女组建的手工艺合作社——艺美社，大胆创新，用蒲席的编织技艺制作手工艺品和实用器物，如灯罩、杯垫、香包、跳跳蛙、蜻蜓……，实用、美观、生动。经深度挖掘，蒲席编织技艺不仅被赋予了时代特征，还入选了蒲江县的非遗目录。罗仪梅也不断在更大的平台施展才华。

5."茶人"曾程耀

曾程耀是"90 后"，2015 年大学毕业后曾在重庆一家制药企业工作，从业的经历和对一个对农残过敏的小女孩的怜惜，促使他决心回家经营生态农场。2017 年，曾程耀回到了箭塔村。他坚持自家茶园采用不施用任何化肥农药的生态种植模式，随后茶园的茶树枯黄生机全无，地上杂草丛生，零星的叶片上尽是虫蛀的痕迹……经历三年煎熬，茶园恢复了内部生态平衡，摆脱了对化肥农药的依赖，还有一定产出。虽然他现在依然承担着比其他非生态种植茶园减产 1/3 到 2/3 的代价，但他认为值得，要看长远。同时他四处拜师学习并深研传统手工茶。在古法制茶的道路上，曾程耀走得很陶醉也很坚定，目前他制作的绿茶、白茶和多种香型的红茶都已进入市场，只是仅来源于自家茶园，量还不大，未来他希望带动村民发展生态茶，形成规模，实现量产，这样才更有市场竞争力。

生态农业为媒，曾程耀结识了他的女朋友——热爱园艺的小赵。茶与花相遇，创造出桂花香型和栀子花香型的红茶。

6."幺妹灯传承人"曾幺妹

龙灯、狮灯，在蒲江县源远流长，影响面广。清乾隆版《蒲江县志》载："元宵节，居民最好龙灯，顾有施花爆打龙者。"新中国成立后，蒲江摒弃了龙灯、狮灯的迷信和神秘色彩，龙灯、狮灯作为庆祝节日而开展的文娱活动，得到了继承和发扬。除此，还有牛儿灯、幺妹灯、踩早船等。全县各乡、镇，均组织有龙灯表演队，以天华、寿安、大兴、高桥、西南、甘溪等地最为活跃。1983 年春节，在县城举行龙灯、狮灯比赛，有 26 个队参加，舞灯者 300 余人，历时 3 天，观众累以万计。1984年，全县春节文艺会演，甘溪乡女子龙灯队舞技灵活而协调，引人注目。①

乡村民俗曾经是丰富多彩的，但现在随着乡村的凋敝而没落了。目前在蒲江逐步恢复的是幺妹灯。蒲江幺妹灯起源于盛唐，是古代花灯戏的一个地方分支，是汉民族农耕文化艺术的一种独特表现形式，在动作和情节设计上，融入相声、小品、戏曲等诸多因素，集说、唱、舞蹈于一体，演出形式和搞笑风格具有东北二人转的特点，人们又称蒲江幺妹灯为"川西二人转"。2006 年，蒲江幺妹灯申报成为市级非物质文化遗产保护项目，慕文学成为蒲江幺妹灯传承人，2013 年春，慕文学遭遇车祸身亡。箭塔村的曾艳芬就是幺妹灯非遗传承人慕文学先生当年最得力的老搭档、业内大名鼎鼎的"曾幺妹"。行内人都称赞"曾幺妹"扮演的媒婆"天下无双"。2018 年箭塔村举办"年猪祭"，伍茂源书记对她说："曾姐你再不来，人们可就忘掉箭塔村幺妹灯的样子了！"经数度请托后，"曾幺妹"终于答应重出江湖。热心热肠的"曾幺妹"还找来了她的同伴张老师、肖老师、欧老师和罗老师，这些老友时隔十多年后第一次同台演出。"曾幺妹"回到灯界后重收了弟子，开启了常态化的社区传承教学工作，并进行着幺妹灯与民谣、电影、文创的融合创新；村里举办了儿童灯戏公益班，孩子们在香港公益音乐人 Lily 的钢琴伴奏下所做的混搭表演，走出了幺妹灯向当代审美更新的第一步。

---

① 《蒲江县志》，四川人民出版社 1992 年版，第 659 页。

箭塔村的乡村文化是鲜活的，看得见一个个有血有肉的普通而又不凡或者不甘的村民，除了以上这些人，还有一直坚定支持伍茂源走上全国青年中医论坛的周医生，一直努力坚持生态种植、个性开朗的曹春枝，坚守箭塔村与伍茂源并肩奋斗的两个小伙伴……这个名单很长，未来还会更长，每个人都有跟箭塔解不开的情缘，每个人都有关于箭塔的故事。

客观地讲，无论从党委、政府重视程度，目前的知名度，村里的基础建设，还是人均收入看，箭塔村与明月村相比，都存在不小差距。箭塔一切都还在起步阶段，即便是一直努力推动的生态种植，从业的大概只有 20 余户，面积 100 多亩，在村里占比 3% 左右。但是有几个好的迹象暗示我们，箭塔村可以走得很久，也可以走得很远。首先，无论是外来的新村民或者驻守者，还是本地原住村民，他们都深爱箭塔村，都愿意扎根在这里并全力以赴，都对这里充满了希望。其次，他们看似分散，但有两条线把他们穿在一起，使箭塔的奋斗者们形散神不散，一是伍茂源这条线，二是乡村文化这条线。伍茂源用乡村民俗"年猪祭"搭起了一座城市与乡村的桥，城市居民很乐意到乡村感受年味，"年猪祭"又穿起非遗"幺妹灯"和"蒲草编织"，蒲草的故事启发乡村作家卢树盈创作并获大奖，进了人民大会堂；乡村的生态理念连接起洪老师、曾程耀、春枝姐等致力于生态种植的农人，每年都有人愿意或者实际加入生态种植行列。最后，在外力的推动下，村民自身潜力被激发出来，他们逐步成长到能独立地站上越来越大的舞台对外界介绍自己，介绍箭塔村，推销自己的产品，展示自己的才能。有的人已经能够以一己之力帮助他人，如卢树盈、罗仪梅。像伍茂源希望的那样，即使有一天离开他这个陪伴者，村民们也能发展得很好。

在箭塔村，我们看到的是城市文化与乡村文化的碰撞过程中，城市文化对乡村文化保持了足够的谦抑和尊重，无论是伍茂源、洪文兴还是其他新村民，他们都爱乡村、懂乡村，珍视而不是否定乡村文化，他所做的是发掘、宣传和一定程度上用现代的技术和理念重塑乡村文化，使乡村享受现代化的红利，使其不至于与时代离太远。箭塔村是以乡村为中心，为乡村、村民和乡村文化服务，使乡村文化在现代化的今天更加具有持久的生命力。当然，这个过程中，乡村文化也展示了其不可替代、不可抹杀的优势，通过村民显现出坚韧、豁达、热情、淳朴、自然，乡村文化保持了其足够的自信和尊严，也对城市文化包容并吸收，城市文化和乡村文化以最平和的方式在这里交融。村民在其间浸润、成长，承接着文化的演进，有人就有希望。

有位网友在"乡约箭塔"微信公众号留言：箭塔村代表了全国那一批可能不是那么好的村，但其实有自己的文化，值得被以某种方式去示范、去探索，也能够最大限度地去复制去推广。箭塔，正在探索乡村振兴的道路上"创造无限可能"，乡土中国也因许许多多"箭塔"生生不息。

三、蒲江城乡文化互动的理论启示

课题组选择蒲江作为城乡文化互动的样本进行研究是慎重思考后的决定。在四川省范围内，蒲江县的乡村比较具有代表性，它既不是很偏远落后的与城市文化完全不交流的封闭地带，也不是与城市交互融合的完全商业化、现代化、城市化的新村，虽然辖属成都市，但与中心城区有一定距离，又与眉山、雅安接壤，仍然大面积保留了乡村比较纯粹的模样，乡村以种植业为主宁静祥和，村民大多真诚淳朴。这里的乡村文化相对纯粹，但也并不封闭，对城市文化有较高的接纳度。

前文展示了同属蒲江县甘溪镇的明月村和箭塔村在面对城市文化时的不同表现，也对各自的特点予以简要总结。很显然他们代表了两种截然不同的城乡文化互动类型，明月村是城市文化强势入侵与政府积极推动并行，乡村文化被动消极接受；箭塔村是城市文化积极对接，乡村文化积极回应。二者以尊重村民主体性和乡村文化本位性为前提，和平和谐互动交融，政府并未积极主动介入。基于对这两种类型的比较，也基于对城乡文化互动的更进一步思考，课题组对城乡文化互动得出以下经验启示。

（一）村民主体与乡村本位的城乡文化互动

文化与当地的各种情形和条件是不可割裂而融为一体的，包括地理环境等条件，也就是说，文化是在各种因素的合力之下生成的，文化的变动应是基于一定因素的变化。因而文化可以交融、可以影响、可以嫁接，但不可以武断照搬和直接移植，否则即会水土不服。

如果城乡文化互动发生在城市，毫无疑问，城市居民的主体性与城市文化的本位性应当得到尊重。只是对过重的理性主义、功利主义予以改善和柔化，在城市社区的建设中，借鉴吸纳乡村文化中基于熟人社会的情感因子，构建信任的、和谐的社区文化。反之，如果城乡文化互动发生在乡村，坚持村民的主体性与乡村文化的本位性则成为必然。毕竟乡村文化是在这样的区域积淀千百年形成的，说合理性、正当性都浅了，这就是本生性。

在乡村发生的城乡文化互动是基于社会的演进，社会结构、社会关系发生变化，城乡不再隔绝而是通道畅通，乡村必须跟上时代发展，分享现代化红利，实现农业现代化，运用科技升级农业技术，农产品需要进入市场，农户要成长为独立的市场主体，影响文化的新因素进入，乡村文化自然随之演变，对工业化的理性和商业的契约文化予以吸纳，乡村才能与整个社会同步成长，乡村文化的演进与这种成长是一致的。例如，抵制使用化肥、除草剂、其他农药等的行为，实际是农民对工业文明给农村带来的负面影响的抵制，要回到农业自然的原生态模样，尊重作物的自然生长规律，这个过程中有借鉴、使用现代文明的优良部分，如授粉技术以及生态种植中相关数据计量研究，包括标准化、制度化等，形成以原生态农业为基础，辅之以现代技术手段和规范化方式，实现农村文化与城市文化、传统种植业与现代技术文明的高度融合，达到优化、升级、可持续。

即使为了推动演变的进程，使各方更快受益，这种推动也必须基于对前述理论的认识，推动的过程也应当顺应和服从其规律性的路径，而不是逆规律而行。乡村文化建设实践中，应当对城市文化敞开怀抱，但一定要坚定乡村文化的自信，不能用城市文化替代乡村文化、打压乡村文化，也要警惕以城乡文化互动为借口，城市人以低成本到乡村寻个活动场所的现象，否则就是赤裸裸的入侵了。

课题组在调研中，对明月村的担忧主要源于明月陶艺村的打造并没有从整体上提升村民的主体性，除了极个别村民在陶艺村经营客栈和餐馆，从事商业活动，在城乡文化互动方面并无突出表现。对箭塔村的希望则是源于箭塔村的乡村文化是主动的，是主体，是中心。表面上看是带着浓烈城市文化的人来改造乡村文化，实际上是乡村文化吸引了城市人来追寻，并帮助它变得更好。

（二）政府谦抑与引导的城乡文化互动

从"文旅融合"到"农文旅一体化"再到"产学研农文旅一体化"，各地方政府在发展过程中捆绑了各种期许，运用了各种手段，在政绩的追求和发展的压力下，实践中的首要目标是经济性的。但在过分追求经济目标的时候，往往会忽略文化的内生性、自发性、本土性和相对稳定性。在乡村文化的建设中，在城乡文化互动的过程中，政府应当保持相当的克制，保持谦抑性，不宜过多干预，即使干预也要尊重民众意愿、本土特点和文化发展的规律。如果不以此为前提，单一追求短期经济目标和可视化效应，吸纳的很可能更多是城市文化中的功利而非理性因素，乡村文化建设也将变成乡村文化解构，导致乡村的文化荒漠化。政府应当根据各地具体情况和民众需求提供公共文化服务，对乡村文化发展予以引导；当城乡文化出现冲突时，政府应当予以调和，引导城乡文化交融；当乡村文化演进遇到障碍时，政府能够助力予以解决。例如，在箭塔村推进生态种植的过程中，生态种植户遇到的最大困难是认证问题。如果要实现国际认可的有机认证，费用需要几十万元，而以户为单位的生产并未形成规模，无法承担这样的成本。虽然现在村里生态产品并不存在销售困难，甚至供不应求，但究其原因，是因为没有实现生态量产，销售范围基本限于信任度很高的熟人群体，靠的是口碑，目前盈利空间也有限。生态种植的道路要走下去，就必须实现规模种植，走入更大的市场。在生态小农势单力薄的时候，面对如何建立与陌生消费者之间的信任、如何得到市场认可的难题，如果政府能够出手相助，或许更容易破解。

（三）"一体两面"的城乡文化互动

城市文化和乡村文化是根据空间属性划分的，而城市文化往往对应着现代文明，乡村文化往往对应着传统文化，现代文化与传统文化又仿佛是按照时代来划分的，谈城市文化和乡村文化有时空交错之感。但是细想之，把二者截然分开又非常不妥。城市文化和乡村文化可能在同一个人或者同一群人身上体现。

因为乡村是自养型，所以有土地就有基本生存的兜底，撒下种子等发芽开花结果，所以相对不用那么着急，且急也急不来。而城市是异养型，吃的每一口饭都要靠劳动挣，所以得动起来，易急躁。乡村人情味重、利益边界模糊，甚至显得黏黏腻腻，这些都是城里人缺乏的，城市是陌生人社会，讲规则，人情相对淡漠。从环境讲，乡村地广人稀，炊烟袅袅，虫鸣鸟叫，花香草绿，最大的特点是宁静。而城市，钢筋水泥，人口密度大，噪声喧嚣，人处在这样的环境中神经紧绷，急需舒缓。乡村，人情热而环境静，城市则相反，人情冷而环境躁。所以乡村与城市对人的物质环境和精神环境的供给能够满足人（尤其是城市人）的全面需求，仿佛城市的我是自我，而乡村的我才是本我一样，城市人融入乡村文明去寻求最本真的自我，而乡村人对城市文明的追寻是期望能完成对本我的超越。本我是灵魂，自我是成长，缺一不可。乡村文化和城市文化的差异性必然源于这两个空间内不同的社会结构和人们的生活方式，这种差异也使得人在城乡之间的流动成为必然，我们需要身心的互补，找到另一半"我"，从而成全自我。这也导致乡村文化和城市文化相互影响，一定程度上融合，但是绝不可能等同。

乡村文化和城市文化之所以会交融，是因为乡村文化符合人性，人是社会性动物，天生有对群体的向往和情感依赖，人有追寻宁静安逸的本能，中国曾经是农业大国，目前的人群上溯三代几乎皆是农民，对他们而言，农村是他们的根，他们由此走出，有回去寻根的愿望，对农村有亲切感和亲近感，乡村有他们抹不去的成长记忆；同时乡村也介入了规范化、市场化、工业化、科技化等现代因素，需要现代契约等，走出去的人返乡带入现代性。农业现代化、农村现代化，也包括农村文化的现代化。

乡村的孩子是向往城市的，很多人毕生的努力是为了离开乡村过上城里人的日子，然而在城里立足、打拼，时间上少有闲暇之后又会眷恋乡村，这是我们上辈、同辈中很多人的经历，乡村文化和城市文化因为这群生于乡村、长于乡村而居于城市的人而交融，基于他们在乡村和城市中的往返而交融。由此足见流动的人身上呈现出不同的文化，人可以一定程度上实现自身外在体现的文化的转换，在不同的场景下选择不同的行为方式，在两种文化中自由行走、游刃有余。

在伍茂源这样的人身上我们可以看出，一个极富现代文化的人一样能够适应乡村，吸收乡村文化。文化最终是要通过人的言行、人的思考、人的选择来表现，人可以适应在不同环境下以习得的不同文化来选择和应对，如同我们习得不同语言时，跟同乡说着方言，转头可以跟其他人说普通话，中间并无转换的困难。同一个人、同一群人在乡村有应对之道，到城市一样游刃有余，两种不同文化可以兼容得很好。或许乡村文化和城市文化本身就是文化的一体两面，也正迎合了一个完整的人不同的需求：我们既希望创新奋进，又希望闲适自在；既需要理性功利，又需要感性热情；既有独处的需求，又有参与社交的需求。

被后世誉为"隐者"的梭罗在工业革命的大背景之下移居瓦尔登湖畔以逃避工业文明，在对工业文明批判反省后创作了著名的《瓦尔登湖》，他在书里说，工业社会中"人人都在过着静静的绝望的生活"。从后世对《瓦尔登湖》的推崇备至，哲人们、诗人们、艺术家们总会去乡野田园之地寻找灵感，以及普通的城市人也会到乡间宁静处歇一歇等等自己的灵魂，我们可以看出自然的、生态的文化是人性天然的倾向，人本属自然的一部分，只因为发明了技术，产生了工业文明，生成了工业文化。而人使用技术的初衷是生活得更好，只是有时在不断的逐利中迷失、异化了。当前我们讲生态文明，宣扬构建人与自然生命的共同体，实质是对自然和生态的回归，乡村文化的内核就是自然和生态。

城乡文化互动展望，如郑也夫老师在《文明是副产品》中所说"文化进化中的最大变异每每产生于文化间的杂交"，随着城乡界限打破，人在城乡之间流动，或城里工作、乡间居住，或乡间奋斗、城里安家，城市和乡村整合为同一人群流动的空间，尤其是城市和乡村紧接比邻之地，政府的行政规划也成为这种融合的重要推手。如：成都市提出构建全域农业保护格局，同时提出"营造大美田园，打造公园城市乡村样板"，以落实乡村振兴战略，强化耕地保护和粮食安全，以城乡融合理念系统推进乡村高质量发展，构建公园城市大美乡村形态。具体措施：全域划定

86个城乡融合发展单元，打破行政界线，按自然地理条件和产业经济联系，将资源禀赋相近、产业发展相似的多个镇划分为三类城乡融合发展单元，统筹土地、产业、人口等各类要素，推动乡镇资源要素优化配置和空间形态重组整合。规划建设5条乡村振兴走廊，依托天府绿道、旅游轨道、主干通道，串联特色农业产业资源，植入创新、文化、旅游、商贸等功能，通过品牌塑造、场景营造、文化彰显，推动三产融合发展和乡村振兴。

城乡边界模糊，城中有乡、乡中有城的景象，未来会在很多地方出现。即使有些地方城乡相隔较远，因为交通更加便捷、信息技术更为先进，物理距离也会进一步缩小，农、城边界也将进一步淡化。城市文化和乡村文化会杂糅出符合城乡融合的新型文化；既有工商业文明的理性和契约精神，同时兼具熟人社会的人文感性。未来城与乡的概念也许会随之淡化，并被新的名词所取代。

| 第五章　推陈出新：非遗传承民间文化的旺苍经验

在广袤乡村的"民间"，植根本土习俗的文化很难以"种类"而穷尽，所以其"价值"也很难以"高下"评判。从乡村文化与乡村本身的关系来看，已有一套认定及运行机制的非遗，可视为对乡村文化传承价值的一种制度确认。为此，课题组选择以非遗传承、开发与利用的地方经验作为乡村文化建设的一个重要构成。毕竟，如何利用乡村传统的文化资源助力乡村振兴，既关乎乡村传统文化的现代化，也关乎作为乡村文化生成和发展的乡村社会的现代化。

流传于川陕交界米仓山区旺苍县的"端公戏"，2021年6月被认定为国家级非遗项目。作为遍布中国西南地区的傩戏的一种，端公戏本身就是民间信仰与艺术化的戏曲相结合的产物。在乡村社会不断去乡土化的今天，以乡村社会为生成土壤的民间信仰及其相应的艺术表现形式如何传承，并在传承中助力乡村文化振兴，既关系乡村文化全局，也关系乡村社会与乡村文化关系的全局。

端公戏是傩戏的一种。傩戏，被称为戏曲的"活化石"。这个称谓，不仅意味着傩戏有极为悠久的历史，更意味着傩戏有非同一般的"活"化特征。一方面，傩戏的起源可追溯到商周甚至更远。作为一种与祭祀、占卜相伴随的活动，傩戏的首要功能应是"招神"、娱神或兼而有之。也正是因为这一功能，使傩戏至少在起源上就与巫术、萨满有极为紧密甚至高度一体的关系。另一方面，随着巫术、宗教与政治的关系变化，傩戏与主流社会的关系也发生了相应的变化。直言之，随着巫术淡出庙堂而更深层地进入民间，傩戏也随之成为民间信俗的一部分。这也就带来傩戏在区域意义上的多元多样。这一点，从近些年傩戏在各级非遗名录中的名目越来越多中，可见一斑。

如果给目前全国各地列入各级非遗的傩戏画一个地图，就可见傩戏在全国的大致分布及其区域特征：以长江为界，北边以安徽和河南的傩戏为代表，其戏曲性特征是充满北方农村的花鼓味；南边可称代表性的就比较多，湖南、湖北、贵州、四川都有区域性的代表。不过，不管是北方还是南方，其基本特征差异都不大——以祭祀为核心功能的歌舞。需要辨别的，主要是"歌舞"的构成与形式。需要强调的是，也正是祭祀本身的民俗性，决定了不同地区傩戏的"歌舞"必然带有强烈的本土性。

一、旺苍端公戏的"麻城"起源与本土流变

旺苍的端公戏，据被列入国家非遗目录的传承人说，祖上来自湖北麻城。如果这个能被确认（四川很多姓氏，都宣称祖上来自麻城，这也许与"湖广填四川"有关，也许有其他人类学或社会学的根源），则其传承也应该来自麻城。

（一）旺苍端公戏的"麻城"起源

课题组的实地调研显示，在旺苍端公戏代表何家班的传承人谱系中，

第一代传承人卒于 1691 年（康熙三十年），并自称来自湖北孝感。调研组在端公戏传习所见到一幅画帘，帘上所画就是第一代传承人为主家跳端公戏的场景，画的题记上有"清故×××"字样。不过，因为无法考证这幅画帘的年代，所以单凭题记难以确证其真假。与此类似，在端公传习所陈列的手抄"唱本"上，年代最久的一本写有"康熙七年岁次"字样。虽然手抄本字迹和纸张确实因残破和污渍而"古旧"，但手抄本上的年代是否属实，也不好因此判断。

比较可靠的证据来自旺苍县志和端公戏手抄唱本的内容本身。据旺苍县志记载，历史上的旺苍，曾两次大规模接受湖广移民。一次是元末明初，一次是清初。也就是说，这起码可以确证旺苍确实有祖上在清初来自湖北，而且人数规模比较大。此外，在旺苍端公戏传习所的"唱词"手抄本上，课题组发现在年代较久的唱本《三朝三庆》中，有一句"不少落在麻城孝感，乡落在庄前是家门"。而且，看上去年代越久的唱本，"孝感"的出现频率也相对较高。从传承与记忆的关系上说，这也许可看成：离迁出孝感的年代越近的世代，就越要求后代记住"孝感"。也就是说，结合县志和唱本，似可推断其传承的确来自湖北麻城孝感。

由于调研限制，课题组没去麻城孝感"追溯"两地端公戏是否有"血缘关系"。但从查阅的资料来看，今天的孝感端公戏所祈神灵多为土地公、土地婆及当地杂神。从同构性上看，旺苍端公戏所祈神灵也多为高度本土化的神祇。其神灵体系，似乎只是由那个换成了这个，但内在结构变动不大。

（二）旺苍端公戏的本土流变

从传承谱系看，旺苍端公戏自康熙年间传入，迄今已传至第十代。有关资料显示，在端公戏传入之前，川陕交界地区的民间社会已有傩戏流传。换句话说，随移民进入的端公戏能在旺苍落地生根，潜在原因应是文化的亲近甚至同一。也就是说，本土已有的文化土壤，为其传承提供了基本前提。

位于米仓山之南的旺苍，虽处川陕要道，但并非在干道上。地理位置的过渡性，决定了文化的特殊性。川陕之间政治、经济、文化的交流交往对干道两侧区域必然会有影响，但这种影响又是随空间距离的长度而递减的。这也就为本土文化在接受上的选择性提供了相当大的弹性。秦巴山绵延的群山和纵横的沟壑，给旺苍县域交流增加了天然障碍，文化小环境也因此有了自在的可能；更为关键的是，山地的自然环境与以"鬼"为敬畏核心的巫术有天然的亲和性。夹杂着巫术，且以"扛鬼""镇鬼""送鬼"为本职或曰"能事"的端公戏，也就有了生存和发展的市场。

也许是因为文化过渡地带的"过"，川陕边界并无传承至今的传统佛道教的名寺古刹。进而言之，制度化的佛道教在这个地方没有"阵地"。不过，这并不意味着传统的佛道教对这些地区没有渗透。也正是无阵地、有渗透的区域特征，导致旺苍一带的民间信仰在神灵选择上也具有更多的本土性——本土神祇为主，佛道教尤其是民间道教的神灵为辅。

区域社会的神灵偏好，必然影响不可缺少神灵的文化领域。旺苍端公戏唱本和科仪的相关情节，所涉神灵主要是本土神祇和类似玉皇、土地、天王等民间道教的神灵。虽然我们无法以考证的方式还原其演变过程，但从今天全国各地认定为不同等级之非遗项目的傩戏种类来看，戏曲在情节化中涉及的神灵也都可归为本土与民间佛道教序列。有道是"礼失求诸野"，旺苍的端公戏，也有一段传承上的断裂，但这种断裂主要是相关活动在"公开"意义上的断裂，而非传承本身的断裂。调研显示，即便是在村子及其周边无人敢请何家班去唱一出端公戏的那个年代，传承人自己也并未因此废弃这个祖传的"技艺"。所以，也才有这个技艺在改革开放后，尤其是市场经济体制建设以来重回村落家庭祭祀活动的

"公开性"。同时，在市场的强力影响下，这个"重回"的过程，实际上也是端公戏从"乡土性"向"市场性"的转变过程。

二、旺苍端公戏的剧目与科仪

旺苍端公戏信奉三教合一，旺苍境内的祭祀活动除了端公外，和尚、阴阳先生也从事该类活动，不同的是端公主要从事道教法事，而和尚和阴阳先生则主要行佛教法事。

（一）旺苍端公戏的剧目

在端公戏的道教法事中，其主要内容包括：酬神、纳福、问病、延生、丧葬……。戏剧形式则主要包括以下几种。

一是庆坛。这是民间老百姓以还愿酬神为主的祭祀活动。旺苍县的端公庆坛活动，不仅包含道场法事，还表演诸多丰富多彩的娱人剧目，并且会根据不同的法事做不同的坛事。旺苍县的坛事根据各个坛顶敬的坛神不同大致分为三霄坛、罗公坛和端公坛等。其中三霄坛顶敬的是金霄娘娘、银霄娘娘和碧霄娘娘三位神灵；罗公坛顶敬的是罗公与罗母；端公坛顶敬的则是本坛门的上坛祖师、中坛祖师及下坛祖师。庆坛以仪式场所不同分为内坛与外坛，内坛是端公做法事的场所，外坛则是端公法事结束或者中场休息时进行娱乐活动的场所。

二是杠神和纳福。在旺苍端公戏中，杠神这种法事一般用来"请神"。这一法事可以由一位端公操作，也可由多位端公协作共同完成。纳福这类法事主要在端公的主持下通过念经祈福，祈求各地管事的神仙庇佑所行之事平安顺遂。在旺苍县这类法事多用于修房、修路等建筑工程场域，例如矿场、学校、企业、机关单位等，此类法事在旺苍县盛行缘于这里有许多煤矿产业。

三是做道场。这类法事一般存在于当地的丧葬市场。端公在这类法事活动中主要通过念经、作法为亡故之人超度。

综观所有这些法事仪式，端公戏的剧目主要包含五类：祈福禳灾、驱邪逐疫、惩恶扬善、褒勤斥懒、劝善尽孝等。

（二）旺苍端公戏的服装道具与动作

在旺苍县，端公举行以上几类法事的时候，都要用到特定的道具与服装，端公会根据不同的法事场所与表演剧目，选择不同的服装、使用相应的法器道具。一般情况下，旺苍端公戏的服装分为法事服装与表演服装，其中端公在"娱神"活动中着法事服装，在"娱人"表演中着戏曲服装等表演服装。

1. 法事服装与道具

旺苍端公法事服装和道具：一是法冠，无论做法事还是表演，端公一经佩戴此冠，便表明端公的身份由此刻开始实现由人到人神沟通使者的转变。二是法衣，端公对所穿法衣并未硬性规定，主要包括上衣、裙子、裤子和法鞋。常见的上衣为戏袍或道袍，裙子则由花布制成，在端公戏中由武士穿着，裤子必须是红色长裤，法鞋方面一般是掌坛师穿青布鞋，其他端公穿草鞋。三是法器，旺苍端公戏所使用的法器主要有师刀、端公印、牛角号、令牌、卦板、神杖、打神鞭、道铃、拂尘、法印、神案图等。在这些法器中，一类是带有强烈的宗教暗示，其本身可以发出声音，为法事活动营造一种庄严悲壮的气氛，如牛角与师刀；另一类法器是借鉴道教等其他宗教的法器，如拂尘、道铃等；还有一类如神案图、端公印等法器是端公班坛祖辈所传法器。端公在念咒施法时，除了使用以上法器外，还需要配备香蜡、纸钱、鞭炮、祭品等。

2. 表演服装与面具

旺苍端公戏的表演服装也并无特殊之处，条件较好的班坛，表演服装一般使用戏服，条件一般的班坛，可以用草帽、围裙、花布等来表演耍坛戏。但在旺苍端公戏表演的过程中，最重要也是最不可或缺的道具就是面具。端公们依靠面具施展"神威"进行角色饰演、身份转换，这种面具一般用木头雕刻而成，造型古朴、工艺精巧，有些面具造型无下巴。目前旺苍端公戏的面具有二郎神面具、道士面具、龙神面具、姑娘面具、青面獠牙面具、艄公面具、小官面具等，这些保存下来的面具中，有些还是年代久远的古老面具，极具收藏价值与研究价值。

3. 步伐与动作

旺苍端公戏的步伐形式简单自由，多采用丁字步、八字步、跳跃、跺脚、踏步、翻滚等步伐，表演时用这些步伐配合指法、身段等形成一套较规范、完整的程式。与步伐相比，旺苍端公戏在挽手诀的形式与内容上比较丰富，并且各种手诀都有对应的咒语与符策，端公在作法、表演的过程中，必须完成一整套动作，咒语与符策才能生效。以三江镇何家班挽手诀为例，其在传承的过程中，共形成伸、屈、勾、旋、扭、翻等 10 种手诀。

4. 组织表演形态与经典技艺

旺苍端公戏的组织表演团队多以班主姓氏命名，其组织表演形式称为班坛，如何家班、李家班、江家班等。表演程序相对固定：第一幕请神，即祭祀仪式、傩技表演；第二幕娱人，包括唱戏、杂耍；第三幕送神，又叫作唱经、鸣锣。根据表演内容，旺苍端公戏又可分为正坛与耍坛两种类型。正坛包括祭祀仪式、傩技表演和送神三个部分，耍坛包括唱戏与杂耍。耍坛表演内容并不固定，根据端公的才艺自由发挥，也最能体现端公的表演水平。

旺苍端公戏保留至今最突出的经典技艺有走刀桥、过火海、下油锅、打粉火，端公通过这类经典巫术技艺显示给予主家神力庇佑，同时也有替主家受难的暗示。

三、旺苍端公戏传承与发展的主要经验

无论是世人主动请端公唱戏做法还是端公神职人员"跳端公表演"，其中一个最重要的目的即为人治病祛邪。时至今日，在西南地区民间遇到无法用药物医治的疑难杂症，人们依然选择信奉端公。人类信仰巫医疗法不能简单用愚昧来概括，究其原因主要在于：第一，在我国历来就有"巫医同源""道医不分"的说法，在《本草纲目》等医学名著中更是可以看到巫医同源的模式，在我国民间治疗传统中，长期存在巫医信仰和传统医药学互补性共存"神药两解"模式。直到现代西方生物医学广泛传播，才出现完全排斥信仰元素的医学认知模式。第二，在我国传统社会和现代边远村落社会，由于现代性的公共卫生医疗服务尚未普及或者民众的经济实力难以完全接受现代药物治疗模式，民众在医而无效或因贫而无力就医的情况下，依然将端公信仰作为"治病驱邪"的手段，以求心理慰藉。第三，在中国传统社会，巫医可以被理解为现代社会意义上的心理医生，巫医的知识经验是当时人类应对疾病经验的集合。哈佛大学身心医学研究中心哈伯特·本森研究团队的研究显示：思想—身体—精神的关系意味着医疗活动如果仅处理其中的一项因素，将无法实现最好的结果。端公作为区域性巫医的一种类型，是融合了音乐、舞蹈、图像、咒语、祷辞、戏剧等元素的治疗仪式，通过心理干预，起到一定的疗愈作用，这正是端公戏能够传承至今的原因之一。

（一）旺苍端公戏传承的主要模式

1. 家庭传承为主

根据杨荣生的《旺苍端公戏概论》，在旺苍端公班坛界，有麻英乡的自家班、枣林乡的胥公坛、国华镇的任公坛、双汇镇的杜公班、英翠镇的史家班、九龙乡的张公班、三江镇的何家班、干河乡的谭家班、五权

镇的李氏班坛等十几个班坛，各个班坛都有一整套严格的传承规定，但大多的传承是一致的。在旺苍，端公戏的传承方式主要以家庭传承为主，并且秉承传单不传双、传男不传女的原则，只传给内亲或儿子。在这种严格的传承方式下，许多有着古老绝技、法术、口诀等的端公班子都已绝迹，这也是导致旺苍端公戏难以为继的重要原因。据调研显示，目前在旺苍依然活跃着的端公班子主要以三江镇的何家班为代表，此外还有嘉川镇的冯家班。因此作者仅对旺苍县三江镇的何家班的传承信息进行梳理与详细记录。（见表5-1）

表5-1　旺苍端公戏三江镇何家班十一代传人序表①

代别		姓名	性别	出生年份	终年	文化程度	传承方式	学艺时间	居住地址
传承谱系	第一代	何思显	男	1642	1691	不详	师传	不详	（父）原麻城市孝感乡旺苍县三江镇红星村
	第二代	何茂达	男	1669	1703	不详	家传	不详	旺苍县三江镇红星村
	第三代	何成忠	男	1689	1738	不详	家传	不详	旺苍县三江镇红星村
	第四代	何应道	男	1712	1795	不详	家传	不详	旺苍县三江镇红星村
	第五代	何之经	男	1756	1817	不详	家传	不详	旺苍县三江镇红星村
	第六代	何清山	男	1785	1857	不详	家传	不详	旺苍县三江镇红星村
	第七代	何道德	男	1844	1909	不详	家传	不详	旺苍县三江镇红星村
	第八代	何忠武	男	1882	1955	不详	家传	不详	旺苍县三江镇红星村
	第九代	何心贤	男	1913	1975	不详	家传	不详	旺苍县三江镇红星村
	第十代	何元礼	男	1949	2021	小学	家传	1962	旺苍县三江镇红星村
	第十一代	何美绪	男	1972	—	高中	家传	1987	旺苍县三江镇红星村

由表5-1可见，旺苍县三江镇何家班端公戏的传承，除第一代传人何思显是通过师传的方式传承端公戏之外，此后的历代传承人均为家传。

———

① 此表转引自康雪梅所著《四川省广元旺苍县端公戏研究》，根据实际调研，表格部分内容有所改动。

并且在传承人的选择上，顺位考量长子，只有在一些特殊情况下，比如丧子或者长子天赋不够（俗称老天爷不给饭吃）等才会考虑传给家中次子、三子或家族中的近亲男子。如此严苛的以家庭为主的传承方式使旺苍端公戏难以有更多的传承人才，且易有断代情况出现。

2. 师传为辅

旺苍端公戏除了家庭传承之外，还有部分人是通过师传方式习得。在传统中国社会，学徒也是摆脱社会困境，构建社会关系的一种主要方式，在旺苍端公戏的师传方式中，寻求端公拜师学艺的大多是一些贫寒人家出身的孩子，以此来改变自身的境遇。拜师后一般要经过长达3～5年的学艺时间，从诵读经文开始，对科仪本等一整套作法程序熟练掌握后，才能够完成基本法事的学习。当徒弟能够熟练背诵一整套科仪程序时，端公师傅则会带徒弟外出行坛见习。熟练掌握一整套作法科仪及参加行坛见习，也并不意味着可以出师，能否被授予徒弟职称独立出师，还要通过端公师傅一定修炼方式的考验。对端公戏徒弟的考验每个班坛也会采取不同的方式，例如何元礼的大儿子讲述其父亲出师的考验：在子夜时分带他前往一处曾发生过凶杀事件的地点画阵，并让其待在阵中默念口诀，挽手诀演水，这样经过七七四十九天不间断的练习，最终获得法力，通过考验独立出师。

端公的职称也十分有讲究，分为高、中、低三个等级，低级职称被称为"茅山职"，在行坛中只能跟随大家做法事；中级职称为"文昌职"，在庆坛时可以担任掌坛师之位；高级的则是"玉皇职"，只有玉皇职才能焚烧玉牒上奏天庭。[1] 在旺苍县境内的班坛中，目前"文昌职"级别的端公居多，还没有"玉皇职"级别的端公。

（二）旺苍端公戏传承发展的现状

旺苍县在清末及民国时期，从数量上看端公从业人员颇多。新中国

---

① 吕子房、辛身、肖善生等编《川北灯戏》，四川文艺出版社1986年版，第46页。

成立后，旺苍县明令取缔和禁止端公、阴阳、巫婆等迷信活动，旺苍端公戏在很长一段时间受到打压，尽管之后有所恢复，但剩余的端公班子及端公数量不复从前。目前旺苍境内仍活跃着的班坛，仅剩三江镇的何家班及嘉川镇的冯家班。此外，旺苍檬子乡仍有部分端公艺人，但已不再从事端公戏表演。旺苍端公戏的从业人员在数量上锐减，究其原因主要有以下两点：

首先是家族传承难以为继。一是区域性信仰市场萎缩。传统社会由于信息闭塞、交通不便，公共医疗服务尚未延伸到偏远农村地区，端公戏信仰市场广阔。进入现代社会，人们奉行实用主义，广大农村地区更加注重实用性，再加上老一辈信仰群体逐渐退出历史舞台，因此端公的信仰市场逐渐缩小，端公掌坛师傅只有被动等待有需要的主家邀请，才会组织班坛人员前往活动。二是职业收入受限。受现代化的冲击，"端公"这一职业很难像传统社会一样，可以养家糊口。在对端公传习所走访调研的过程中，何家班的第十代传承人何元礼老先生的大儿子一再向我们表明：如果单靠父亲从事端公一职，难以养活自己和家人，现在的端公戏传习所的建立，我经营的煤矿生意贡献了不少力量。并且他说，现在旺苍端公戏的演出收入非常不稳定，收费也没有统一的标准，民间活动结束后，视法事大小主家与端公商定给一定的车马费，每人每次最多几十到几百元不等。为了养家糊口，端公戏从业人员已不可能进行专职表演，他们平时一般都有固定工作，只在闲暇时才会参与端公戏的法事演出。旺苍县第十代端公戏传承人何元礼老先生膝下共有三子一女。除了三儿子何美绪承接父业外，其余的子女和子孙均未从事"端公"这一行当。其大儿子讲述道：目前家中的孩子普遍接受了高中及以上的高等教育，再加上端公戏本身传承技艺、功夫要求比较高，很多年轻人对此不感兴趣，对"端公"这一职业认同感较低，更多的选择外出打工，从事现代化职业。

其次是传统学徒制的没落。在对旺苍端公戏传承方式的论述中，对旺苍端公戏的师传方式作了大致介绍，在对何家班现任班坛成员信息进行梳理时发现：当前何家班的班坛成员多由学徒弟子构成，其中程军、刘兴军、何伦全、熊连辉 4 人长期跟随何元礼进行外坛端公戏法事活动，罗天军、赵绍礼、陈辛中、张建政 4 人则组成锣鼓队随行，但现有表演者年龄普遍偏高，集中在 40～60 岁，后续传承人面临青黄不接状况。课题组调研发现，当前旺苍端公戏何家班学徒情况总体呈两个趋势：其一是学徒年龄呈高龄化趋势。在传统社会，民众受教育成本高，拜端公学艺在当时是多数贫苦家庭小孩的一条谋生之路，因此在当时社会旺苍端公班坛学徒从十几岁开始学艺，整个班坛成员结构呈合理的梯次结构。进入现代社会，经济繁荣发展，特别是 1986 年我国颁布了《中华人民共和国义务教育法》，开始普及九年制义务教育，大大降低了普通民众受教育的成本，拜端公学艺不再是贫困人家小孩谋生的较好出路，同时由于端公戏独立出师对端公从业人员的技艺与功夫要求颇高，对年轻人越来越没有吸引力，因此旺苍端公班坛中的学徒因为长期没有新鲜血液的加入而开始向高龄化发展。据统计，当前旺苍端公整个班坛中的学徒平均年龄在 52 岁左右，其中年龄最高的成员将近 80 岁，年龄最小的也将近 40 岁，总体呈高龄化状态。其二是学徒文化水平普遍不高。以旺苍县三江镇何家班坛为例，班坛中最高学历的学徒为大专，大部分学徒仅为初高中文化程度，甚至有几个学徒没有读过书，整体文化水平偏低。学徒文化水平整体呈下降趋势的原因：一是在当地接受过高等教育的人，都有较宽的择业渠道与方向，对端公这一学艺要求高、收入不稳定的职业意向不大。二是由于端公戏本身的局限性，端公戏的传承以家传为主，其中最核心的技艺多数只传给儿子或者内亲，外姓学徒很难学习到其中的核心技艺，这也是传统学徒制没落的主要原因。三是旺苍端公戏虽然已被列入非物质文化遗产保护名录，但就目前的发展前景来看，尚不明朗，许多年轻人不太相信学习旺苍端公戏能为其创造理想中的幸福生活。

综上所述，旺苍端公戏在传承与发展中机遇与挑战并存，如何植根本土文化并对其调整、创新是当前摆在政府和端公戏传承人面前的一个重要议题。

（三）旺苍端公戏的创新与发展

课题组通过对旺苍端公戏调研发现：当前旺苍端公戏在旺苍县境内及周边农村地区尚有生存空间，其在 2021 年 6 月也被录入国家级非遗保护名录，当地政府与民间力量对其进行了保护、传承与开发等一定的尝试与努力。

1. 建立旺苍端公戏传习所

截至 2021 年 9 月，旺苍端公戏何家班团队能够独立"挑大梁"表演的人员包括第十一代传承人何美绪在内仅有 13 人。为了更好地保护、传承端公戏这一非物质文化遗产项目，广泛吸引新生力量加入团队，培养更多新生代传承人，何家班早在 2015 年就打破传统招徒传承的"旧规矩"，先后出资近 2000 万元，修建"旺苍端公传习所"，传习所不仅承担培训新传承人的重任，同时还承接端公戏展演、道具陈列、非遗传承保护会议及休闲度假等创收项目，为团队发展解决资金难题。

2. 成立傩文化传播有限公司

根植于当前全省民间投资建设最大的端公戏传习所，第十一代传承人何美绪于 2018 年成立四川中玄傩文化传播有限公司。该公司主要致力于端公傩戏文化传习、交流、推广与保护，同时经营范围还包括：开展端公戏文化演出活动，民族民间工艺及艺术文化的挖掘、研究、创作、整理和传承，非物质文化遗产保护，开发端公傩戏文化相关旅游产品，开发纪念产品，增加端公戏的附加值等。通过这些活动，挖掘、打造新时代文化传承队伍、保护传承民间非物质文化遗产，助推乡村文化振兴。

3. 政府推出系列文化采购项目

当地政府在对端公文化的保护、传承与开发方面也作出努力，在端公戏传习所建立之初，县委、县政府在规划用地、水利、电力、交通等配套设施方面给予大力支持，同时县文旅局、县文化馆（县非遗中心）也在工程建设中提出专业指导意见与实际帮助。2021 年 6 月旺苍端公戏被选为第五批国家非物质文化遗产代表性项目名录后，为了进一步提升端公戏这一国家级非遗项目的知名度和文化引领力，旺苍县文化旅游和体育局通过招投标形式，积极筹备打造"端公戏展演艺术交流"主题文化活动采购项目，该项目服务内容包括端公戏传习所展览、剧目展演、剧目编排、交流展示等。

四、旺苍端公戏传承与发展的理论启示

从旺苍端公戏缘起、传承与发展的现状，以及在新时代旺苍端公戏试图突破困境实现创新性发展的历程不难看出，旺苍由于地处陕西汉中平原到成都平原的过渡山区地带，受区域性地理位置的影响，佛教和道教在此发展极不充分，端公戏作为一种地方萨满巫术在一定时期满足了当地民众的信仰需求，并增强了当地的族群与地域认同，具有较强的时代价值与现实意义。

（一）传承与保护旺苍端公戏的时代价值

著名人类学家马林诺夫斯基曾对文化的功能作出解释，他指出：文化功能是指文化在人类活动中所处的地位，并认为文化之所以有其整合功能，在于它可以满足人类的生存和发展需求。旺苍端公戏是一种植根于民间的信仰文化，在一定的历史时期，因其能满足当地民众生存和发展的需求，充分发挥了文化整合功能，背后蕴藏着极为重要的文化意义。课题组一致认为，对旺苍端公戏文化的认识与理解应该透过现象，探寻

其在乡村文化振兴中蕴含的时代价值与现实意义。

1. 增强族群认同与地域认同

"族群"是社会学、人类学学科领域的一个重要概念，其特指基于生理特质和文化传承而形成的"原生性"社会群体，并且这类群体有共同的意识和自我认同感，即文化。共同的文化（共同的历史记忆、遭遇、语言、宗教、习俗文化等）是族群认同的基础。"地域"则是一个空间的概念，特指一个族群或者一个群体共同生活的范围，一个地域的习俗文化、宗教文化、艺术文化是族群与地域认同的基础。旺苍县是一个以汉族为主体，羌、彝、藏、回、苗、侗、瑶、傣、满、白、壮、蒙古、土家、布依、纳西、傈僳等 16 个少数民族共存的多民族地域。端公戏作为汉族傩文化传统民间艺术形式，是旺苍县人民宗教信仰、历史传统、文学艺术和民族心理的综合反映。

在过去很长一段时期，旺苍对端公文化信仰处于自发状态，随着非物质文化遗产保护不断提上日程，旺苍端公戏自 2006 年先后被列入旺苍县、广元市第一批非物质文化遗产名录，2007 年又被列入四川省第一批非物质文化遗产保护名录以来，逐渐形成以政府为主导、专家学者及媒体积极参与的传承、保护模式。这一模式促进了当地人对自身传统文化的认识和理解，增强了他们对自身传统文化的重视和认同感，端公戏成为旺苍本土文化的象征符号和重要载体，承载着当地人民的文化血脉和精神追求，成为维系当地族群情感和地域认同的纽带。

旺苍端公戏这种具有地域特色的传统文化深深植根于当地人的思想观念和集体行动中，对增强和维系其族群认同与地域认同有着重要的价值和意义。

2. 传承民族历史文化

传统的民间艺术形式是传承民族文化、民族精神的重要载体。旺苍的端公戏作为一种民间艺术形式对传承当地民族历史文化有着一定的内驱力，从清朝康熙年间至今，端公戏经历了几百年的漫长历史，积淀了丰厚的历史文化内涵，融合了宗教、艺术、民俗、仪式、音乐等多元文化因子，建构了庞大、独特的品格和民族历史文化。特别是其剧目所表演的内容大多取材于当地的生产生活、英雄人物故事，主题多集中于消灾祛病、劝人孝顺向善。这种传统、朴素的思想通过生动形象的舞蹈、音乐、仪式展现出来，使人参与端公戏活动的同时就能感受到它所传递的社会规范与价值观念，从而达到在自娱自乐、身心放松的同时使思想、心灵受到教化和感染的目的。旺苍端公戏虽然是一种集宗教、祭祀和娱乐为一体的民间民俗活动，但它蕴含着丰富的文化知识、故事传说、伦理道德等，是一个极为完整的民族历史文化系统。人们参加这种活动实则是接受历史文化传承教育。

在旺苍端公戏各家班坛坛主选择徒弟时，也要求其有过硬的人品，徒弟要具有真诚、忠实、善良的品格，方才收入门下传授其技艺。其实这不仅是在考察门徒，更是传递端公艺人的精神和人品，以及对真、善、美的追求。端公戏是集中体现和反映旺苍县民族历史、文化生活的民间民俗文化，对传承民族文化历史、净化人们心灵、增强民族团结等方面都有着重要的意义。

3. 继承艺术审美

作为一种地方性的民间民俗活动，端公戏的艺术审美功能则主要通过面具和表演时的舞蹈向观众展示。其中面具在端公戏的演出中发挥着重要作用，同时也是端公戏最为精彩的部分。

端公戏剧目的表演内容多为老百姓生活中熟悉的场景，剧本一般是传承人传下来或者端公艺人自己编撰，还有一部分则由端公根据现场氛围即兴表演，在表演过程中，端公艺人根据不同的剧目表演需求戴不同的面具，这些面具造型丰富多样。端公艺人戴着神秘的面具，转变为人与鬼神沟通的桥梁，通过生动形象的舞蹈，逼真地为观众呈现一场娱乐大戏，观众观看端公戏如身临其境，暂时忘却劳作的辛苦、家庭的烦恼，以获得精神慰藉与观感满足。

随着经济与社会的不断发展进步、科学知识的不断普及，人类在科技的武装下，不断突破对某些超自然事物的认知，对神灵不再盲目敬畏与恐惧。为了适应社会和文化的变迁，傩文化也要与时俱进，适时调整自身定位与功能，才能适应受众的需求，在变迁中传承下来。在此情景下，旺苍端公戏也经历了自身文化的变迁，由最初的祭祀功能逐渐向世俗化的、老百姓喜闻乐见的娱乐功能转化，这也是傩戏文化在社会和文化变迁中不可回避的现实。

旺苍端公戏在经历社会和文化双重变迁的压力下，不断调整自身功能，逐渐摸索出一套特殊的戏剧形态：在表演时将祭祀与表演有机结合，伴随着音乐通过结构完整且富有张力的舞蹈将故事呈现在观众面前。在这种戏剧形态中，祭祀与剧目表演互构，玩与娱结合，增加与受众的互动性，使其在热烈的氛围中观看端公表演，同时释放情绪、抒发情感，祭中有戏、戏中有祭，力求在变革中达到传承的目的，给观众带来视觉与心理的双重审美享受。

（二）新时代传承与保护旺苍端公戏的策略

2021年8月印发的《关于进一步加强非物质文化遗产保护工作的意见》强调："非物质文化遗产是中华优秀传统文化的重要组成部分，是中华文明绵延传承的生动见证，是连结民族情感、维系国家统一的重要基础。保护好、传承好、利用好非物质文化遗产，对于延续历史文脉、坚定文化自信、推动文明交流互鉴、建设社会主义文化强国具有重要意义。"新时代党和国家高度重视非物质文化遗产保护工作，作为第五批加入国家非物质文化遗产保护名录的旺苍端公戏，应以此为契机，积极推动端公文化实现新的跨越。

1. 加大对端公戏的扶持力度

旺苍非物质文化遗产传承的困境主要在于非遗传承人难以为继，因此政府首先要在物质层面加大对端公从艺人员的支持力度，使其基本生活得到一定的保障，这样传承人才能全身心地投入端公戏的创作和传承中。其次政府应完善代表人传承制度，健全代表人认定与管理制度，完善准入与退出机制，制定端公戏从业人员研修培训计划，让这些端公艺人定期进入高等类艺术院校学习、培训，进一步提升端公戏传承人与从艺人员的技能技艺。最后，政府应吸纳各种社会力量支持端公戏的传承与发展，鼓励大中小企业，社会团体及个人通过兴办实体、资助项目、赞助活动、提供表演设备设施和建立专项基金等形式参与到扶持端公戏的传承和发展中来，创造全民支持传统曲艺的良好环境，营造传统文化蓬勃发展的良好艺术氛围。

2. 推动端公戏与现代流行文化相结合

旺苍端公戏的传统曲目大致可分为两类：一类是治病消灾类曲目，另一类是历史典故与神话故事类曲目。这些传统的剧目通常以带有宗教色彩的传统文化为载体，与新时代主题和现代人的精神文化需求和喜好相去甚远，这是导致其在新时代难以占据生存之地的原因之一。旺苍端公戏要想在新时代占据一席之地，拥有更广泛的受众，当务之急是应对传统曲目适当改编，紧跟时代潮流，以现代文化流行趋势创作全新剧本，才能让传统文化焕发新时代风采。

从文旅融合发展的维度看，休闲度假已成为现代人节假日娱乐消遣的普遍方式，文化和旅游特别是乡村休闲旅游已成为旅游开发的热点。当地政府应着力开发端公戏文化游、主题游和研学游，修建端公戏主题公园，以及鼓励渔民组织农家乐等将传统非遗曲艺融入休闲旅游的体验模式，将文韵端公戏和旺苍民俗风情表演融入观光旅游体验，实现传统文化和曲艺价值的双重回归，让游客在充分体验米仓山深厚的历史文化底蕴的同时也能近距离了解端公戏，真正实现经济价值与文化价值的双赢。此外，还可以通过开发一系列与端公戏相关的特色文创产品，增加其附加值，使端公戏文化游成为旺苍县的特色品牌。

3. 推动端公戏与现代科技融合

互联网时代，大数据、云平台为传统文化的传承与发展提供了全新的环境和平台，客户端、公众号、应用程序都有可能为其传承与推广提供渠道与展现场所。新科技带来的不仅是新的技术，还有新的生活方式，在这样的冲击下，必须使端公戏尽快找准适合自己的传承语境和社会环境，使其在现代社会环境中存活下来、延续下去。

科技赋能道具。如前所述，旺苍端公戏最为精彩、最为显著的道具是面具，目前旺苍端公戏的面具大多由木头雕刻而成，木头具有价格低廉、极易取得、容易加工且经久耐用等优点，但从木头变成面具，至少需要经过下料、粗坯、雕刻、修光、打磨、上色、彩绘、上光漆等八九道工序，工艺繁杂。随着科技的不断发展，传统文化为了满足受众的审美心理与消费需求，必然会改良其服饰道具，在此情境下，铜面也逐渐进入傩戏面具行列，由于其制作工艺较为精巧，所以常用作活口面具，带上铜制面具，表演者在表演过程中通过舌头操纵机关，下颌和眼珠均能活动自如，配合故事发展作出各种动作。随着时代的不断发展，为适应数字化图形设计和科技发展需求，面具的制作材料除了木头、铜之外，有的地方还尝试用剪纸、轻黏土造型技法等来制作傩戏面具。这类材料因具有易成型、不需要烧制、节约能源、绿色环保的优点，更易迎合受众的心理。

数字媒体技术让端公戏更有生命力。高科技的发展不仅可以为传统艺术提供新的表现手段，同时还扩展了传统艺术的表现空间。全媒体时代，数字技术在动画画面拍摄、制作、合成、剪辑、配音及动画的发行和上映等方面都实现了数字化。端公戏以其面具与生动、形象的舞蹈见长。首先，我们可以充分利用数字技术，对端公戏道具和人物形象进行整理，借助 3DMAX 技术将端公戏演出的一些特殊场景和画面等进行合成、编辑、配音，渲染输出为电子影片文件，在演出时将这些 3D 舞台、场景进行空间展示，让观众参与互动，增加其体验感、参与感。其次，可以将三维造型技术引入傩戏面具的制作，对傩戏面具的脸型五官、衣冠头饰等造型根据所需角色进行处理、组合和加工，同时通过专业的软件将傩戏面具放到二次元空间世界，形成新的作品。最后，利用数字技术优势，打造旺苍端公戏数据库。在这个数据库中，不仅有端公戏科普知识介绍，同时还要收录不同门派端公戏演出目录、剧目唱本及端公戏面具模型等，让参观者不仅可以获取相关科普知识，还能进行角色扮演、文化体验等。

总之，将数字技术引入传统文化的传承与发展，就是要借助不同的技术手段，打造一个全新的环境空间，在这个应用场景内，观赏者可以多角度、全方位参与互动。每个参与互动的主体在互动的过程中又会对作品和应用场景产生新的灵感和体验，反馈给作品设计和创作者，从而不断改进以提升体验感。

比较现实地看，端公戏可与自媒体平台深度融合。随着智能手机等移动终端设备的普及，新媒体可以考虑与非遗结合，实现人机交互作用。首先，可以利用大数据，对目标群体的年龄、受教育程度、兴趣爱好进行筛选、分析，根据不同用户的需求，将改编过的传统端公戏曲目进行精准投放。其次，借助当下流行的 3D（三维数字化技术）、VR（虚拟现实技术）、AR（增强现实技术）、交互等视觉艺术形式，打破传统艺术形式与观众之间的单一模式，增加与观众的互动，同时利用人工智能技术制定个性化的方案，线上线下互为补充。这样不仅可以使端公戏的表现形式更加现代化、人性化和多元化，还能吸引大批年轻人加入其中，扩大受众范围。高科技与传统曲艺的结合必将开创双赢局面：传统曲艺端公戏为科技产品带来温度和人情味，使机器不再冰冷，而高科技则为端公戏的发展注入新鲜血液，使其焕发新的生命力。

　　传统曲艺与高科技的结合在起步阶段难免会遇到困难和问题，如果没有大量的资金支持、专业技术的支撑及相关专家的协助指导，端公戏与人工智能的结合不过是纸上谈兵。因此政府要予以资金支持，有志于拯救非物质文化遗产的学生和社会人士也要有所行动，研究人工智能的专家学者更要响应政府号召，共同为端公戏的发展贡献自己的力量。为此，要加大对端公戏的宣传、普及力度。开展民间艺术进校园活动。端公戏的宣传要结合各学校的实际教育教学情况和传统曲艺文化的特点。例如，可先在旺苍县当地学校的课程中加入端公戏的相关内容，将其引入课堂，比如在美术课堂上，可以展示端公面具，让学生临摹；在舞蹈课堂上，可以跳端公舞；等等。鼓励学生参加端公戏社团和兴趣小组等；还可以请端公戏艺人进校园，特聘其传承人担任学校兼职艺术教师，让各种文化层次的学生了解端公戏，亲自体验独具特色的端公戏的魅力。同时，扩大端公戏在社会上的影响力，新闻媒体必须加大宣传力度，充分报道端公戏演出的优秀剧目及其服务人民的精神面貌，扩大受众范围，让来自各个领域、各个年龄段的人民群众了解并喜爱这一传统曲艺。

　　需要强调的是，在讨论旺苍县端公戏非物质文化遗产保护、传承与发展问题时，直面的现实困境：受现代性的影响，旺苍县的民间传统非遗文化正在经历着深刻的变化，传统端公戏民间信仰的主体性和整体性在一定程度上受到冲击，致使其文化中原有的自我保护和传承机制逐渐失效。但由于旺苍地处汉中平原与成都平原的过渡山区，佛教和道教在此发展极不充分，端公戏作为地方性萨满巫术满足了当地信仰市场的需求，其独特的历史境遇和文化价值在当前仍有一定的生存空间。在此背景下，要不要让民间信仰继续在乡村文化振兴中发挥其应有的作用？在保护、传承和发展非物质文化遗产的过程中，政府如何把握行政化、市场化与社会化三者之间的关系，才能让端公戏这一民间传统民俗文化既能植根于本土乡村文化，在变迁中维持文化的延续和传承，又能提升其专业度、内涵和品质，助力乡村文化高质量振兴？这些都是乡村文化振兴工作面临的重大课题。

| 第六章 产业助力：乡村文旅
融合的崇州经验

崇州，古称蜀州，面积 1089 平方千米，辖 6 个街道、9 个镇、94 个行政村、78 个社区，建制长达 4300 多年，历史悠久，崇州常住人口约 74 万人。同时，崇州是四川省首批命名的历史文化名城，是国家新型工业化产业示范基地（大数据特色）、国家智慧城市试点城市、国家全域旅游示范区创建单位、国家农业综合标准化示范市、国家家居质量提升示范区、全国乡村治理体系建设试点单位。

一、崇州道明文旅融合的缘起与发展

近年来，崇州以"用文化延续未来、让艺术点亮乡村"为发展理念，积极推进"中国民间文化艺术（竹编）之乡"建设，不断探寻竹编等民间文化艺术价值，发现、创新转化方式，探索盘活农村资源，试点集体建设用地使用权抵押融资，通过农商文旅体融合，完善公共服务配套，改善人居环境，进一步推动农业农村现代化，促进乡村振兴，在以"文旅融合"提振乡村建设和助力乡村发展方面逐步探索并走出一条以民间文化发展带动乡村全面振兴的创新实践之路。

(一) 道明镇及其文旅融合缘起

道明镇位于崇州西北部，全镇面积 36.73 平方千米，辖 15 个村、1 个居委会，是崇州市的一个田园文化城镇，因镇政府驻地道明场而得名。道明场，原名东岳场，以场上有东岳庙闻名，清末易名为道民场，取"以道为民"之意。民国年间写作"道明"，源于《周易》："天道下济而光明。"道明镇隶属四川盆地，是亚热带季风性气候，海拔 600～750 米，常年气候温和，年平均气温 15.9℃，年平均降雨量 1012.4 毫米。境内丘陵面积约占 50%，土地类型主要是砂壤土和壤质土。同时，境内有多样性的生态结构和优质地水源。独特的气候特征成就了道明独特的地理环境，造就了一种极适于各类竹子生长的自然环境，形成了道明竹编的生存状态。据《华阳国志》记载，2000 多年前，道明镇便开始种植和使用竹子了，制作了如扭绳、作架、编壁等与生活息息相关的器具。清朝，道明竹编种类日益丰富，工艺水平也逐步提高，篓、箕、筅、筛等一系列生活器物不仅畅销川西，还获得了省劝业会一等奖。[①] 据《崇庆县志》记载，清代的道明竹编"所作竹器最繁，凤称优美"。民国时，道明竹编取得了进一步的发展，已经开始在省内外市场驰名。《崇庆县志》里便有关于"畅销境外，以获盈利"的记载。陆游任蜀州（今崇州）通判时，曾亲临道明的白塔禅院，写下了《白塔院》一诗："冷翠千竿玉，浮岚万幅屏。凭栏避微雨，挈笠遇归僧。残月明楼角，屯云拥塔层。溪山属闲客，随意倚枯藤。"这反映了道明自古为产竹之乡。如今，道明竹编作为道明镇的特产，已成为中国国家地理标志产品，其以造型别致、精巧细

---

① 陈攀、彭代明：《道明竹编艺术融入本土高职院校公共艺术基础课程的重要性探究》，《西部皮革》2019 年第 22 期。

腻、经久耐用闻名，道明镇也因此被文化和旅游部命名为"中国民间艺术（竹编）之乡"。2019 年 1 月 9 日，道明镇凭借竹编入选 2018—2020 年度"中国民间文化艺术之乡"名单。同年 11 月，《国家级非物质文化遗产代表性项目保护单位名单》公布，崇州市文化馆获得道明竹编项目保护单位资格。

　　崇州竹资源丰富，而道明竹编更是历史悠久。其在地理区域上以道明镇为主要传承区域，产品工艺独特、造型别致、做工精巧、经久耐用。自古以来，道明镇以竹为伴，依竹而居，以竹为器，随处可见"山上清泉山下流，家家户户编花篼"的景象。通过长期的历史积淀，道明镇已孕育出自身独特的竹编文化，成为川西平原的"竹编之乡"，铸就了其与竹相辅相成的命运。20 世纪 90 年代，受匠人流失和市场萎缩的影响，道明竹编一度没落。为解决产业发展收益甚微的问题，道明镇政府携手崇州文旅集团进行规划设计，并于 2012 年由崇州市政府出面主动与中央美术学院接洽，邀请美院专家赴道明镇就竹编工艺、区域经济发展等进行调研，拟将传统工艺和现代艺术相结合，再造道明竹编品牌。中央美院考察后发现，道明镇不仅有竹编，其附近还有一条旅游环线"重庆路"。每年 3 月是油菜花开的季节，会吸引无数游人前往，且此处林盘保护较好，没有过度开发。基于此，中央美术学院相关专家提出：将黄龙村靠近公路的九、十、十三组规划为一个竹艺聚集区，并冠以"道明竹艺村"的名字进行整体打造；希望以竹编艺人聚集、竹编艺术产业化的方式，将竹艺村打造成"文创旅游的创新创意示范区"。当地政府听取了建议，决定立足道明实际、突出优势，推进道明农商文旅体融合发展，最终将"道明"这个品牌推广出去。从此，道明镇开启了规划竹编产业发展之路，并培育出"网红村"道明竹艺村。以此为基础，崇州市积极争取文旅部支持，成立中央美术学院驻四川崇州传统工艺工作站，在文化新地标打造、竹艺村提档升级等项目上开展战略合作，努力探索"艺术群体＋地方政府＋工艺传承"的非遗保护传承"崇州模式",以及活态、立体、持续的乡村振兴路径,使竹编成为致富增收、文旅发展的关键要素,推动道明镇成功申报"中国民间文化艺术之乡"、成都市第一批"非物质文化遗产特色小镇"。

"竹艺村"概念的提出,不仅为道明竹编留住了根,也为这个地区赋予了魂。近年来,崇州市政府依托中央美术学院丰富的艺术资源、优质的人才资源、密集的智力资源,以"艺术点亮乡村"为发展理念,将合作社、村集体和传承人等平台整合,实现了竹编设计、加工、制作、包装等完整产业链规范化运营,使传统手工艺品完成迭代升级,具备了文化创意包装、景观建筑制造和场景空间营造的能力。作为乡村振兴典型示范村,竹艺村既是川西林盘与艺术的有机结合体,也是农商文旅融合发展的缩影。各地游客纷至沓来,带来人气的同时,也带动了乡村经济发展。竹艺村成了名副其实的"网红村",并形成了群众体验有所乐、群众参与有所得、群众传承有所获的体验模式,同时,其在发展过程中注重将艺术性和文化性嵌入群众参与活动之中,丰富了其文化内涵。

2019 年,在中日韩合作 20 周年纪念活动和相关会议上,崇州"道明竹编"作为四川非遗代表项目精彩亮相,同时入选文旅部"国家级非遗代表性项目优秀保护实践案例"。竹编"平安扣"作为国礼被赠予日本前首相安倍夫妇。竹艺村荣获"四川最具投资价值森林康养基地""中国乡村旅游创客示范基地"等称号,并集齐第五届成都创意设计周金银铜奖。在第六届中国非物质文化遗产博览会发布的《2020 非遗与旅游融合发展优秀案例》中,道明镇竹艺村"非遗＋旅游"作为非遗与旅游融合发展优秀案例入选,成为全国文旅融合的典范。2020 年,道明镇竹编产业创收超过 1.3 亿元,"卖竹编"卖出了近 3600 万元,年度旅游 65 万人次,旅游收入 2008 万元,旅游综合收入 1.9 亿元,人均可支配收入37903.96 元,村民人均可支配收入显著增加。

（二）"竹编"当家的文旅融合

"道明竹编"这一非物质文化遗产从曾经几近没落到亮相国家重要活动，为我们在乡村振兴中，如何有效关注并保护非物质文化遗产及有针对性地进行创新和传承提供了宝贵经验。

崇州市政府在与中央美术学院合作过程中，秉承"关注民生、为民所想、因地制宜"的理念，围绕道明竹编工艺传承创新、乡村产业转型升级、区域经济发展等领域展开合作。中央美术学院城市设计学院率先对道明竹编工艺、当地生活方式、传承人口述等方面进行研究，着力进行道明竹编传统编织方法创新、竹材料加工机器研发、器型样式更新突破等工作，师生以"竹"为元素的创作开始增多，与传承人合作的作品、研究课题开始亮相国内、国际设计展，获得社会各界的好评和认可。

2013年3月，"中央美术学院城市设计学院传统竹编研究实习基地"落户道明镇，聘请陈少文、丁志云两位传承人为中央美术学院特聘专家；接收丁春梅、杨隆梅两位青年传承人到美院家居产品专业进行系统学习[1]；与中央美术学院合作为"丁知竹"等品牌进行产品创新，提供先进设计理念和宽广视野。2022年，"丁知竹"竹编作品年销售额已达200万元，与周边的竹艺园一并成为道明镇向游客展示道明竹编技艺和文化的一张名片。基地还吸引了中央美术学院、四川美术学院等高校优秀艺术人才来到道明从事乡村旅游开发，他们与竹编艺人、传承人共同致力于道明竹编技艺传承、新产品开发，设计出工艺灯具、酒具、茶具、沙发、竹编组合等门类的新工艺品。

2015年5月，中央美术学院与崇州市政府合作建立"乡镇现代化转型研究教学实践基地"，分步打造三个平台：一是人才培养平台，共同培

---

① 陈荟竹、冯雅可：《新时代的非遗传承之道》，《四川党的建设》2017年第15期。

养青年传承人与设计师，为未来的产业生态提供活力；二是国际文化艺术设计交流平台，依托院校与专家提供发展方向及创新力；三是产业升级平台，邀请企业家共同参与构建产业环境。这三个平台互为促进与依托，在竹编标准化的建立与提升、产品创新设计、人才培养等方面结合地方特色，持续提出转型的策略和建议，为整个业态注入动力。

2018 年 10 月，中央美术学院驻四川崇州传统工艺工作站落户道明镇竹艺村，成为全国第十三个传统工艺工作站，也是四川省首个传统工艺工作站。工作站成立以来，基于对乡村现代化转型进程的思考，针对崇州道明、怀远等社会创新实践提出"三态互生"的理念，即自然生态、文化形态、产业业态和谐共依、相互促进，大力推动传统手工艺向现代化转型。以"培、转、驻、引、宣"为宗旨，着力提升原住民素质，引导业态发展，逐步形成社会群体＋原住民＋当地政府的互助合作模式。开展"双育双培"，让手艺人和学院学生共同成长，德育美育共同提高。拓展手艺人的身份，引导他们主动提高自身优势，成为新时代文化建设的参与者。在工作站的助力与推动下，"竹艺村"日渐成为新农村改造的活态博物馆，亦为当代人栖隐田园的理想居所。其主要做法及特点可概括为以下几点。

一是以竹为媒，为乡村产业发展赋能深挖"竹艺"附加值，实现产业发展的迭代升级。经过深入广泛调研，道明镇提出自然生态、产业业态、文化形态"三态互生"的理念，并结合乡村发展模式深入推动当地传统手工艺现代化转型，以"竹艺村"的概念为基础，在提高从业人员水平、规模化管理和运营的基础上，逐渐形成产业规模，使其成为新农村改造的活态博物馆，同时也是当代人田园栖隐的理想居所。

相较传统产业，文化创意产业更注重依靠改变产品的观念和附加值获得市场利润。中央美术学院通过推动"竹艺村"建立并充分发挥传统工艺工作站的平台作用，使道明竹编传统工艺得到整体性提升，用文化创意将传统工艺与现代生活有机链接在了一起，让竹编工艺焕发新的活力，也让道明竹艺的延伸产业成为当地新经济新动能，并以此吸引创客，不断提高竹产品附加值。

已经走过2000多个年头的道明竹编，从制作生活农具逐步转型，到陆续开展"竹产品、竹艺术品、竹户外装置、竹建筑、竹室内装饰"等方向的业务，现已创新发展出立体竹编、平面竹编、瓷胎竹编三大体系。其中尤以立体竹编见长，并通过逐步提升标准化程度，使得其在产品品类、质量、功能合理性等方面都有显著的发展。消费者对竹编新的文化认同，使竹编得以实现价值最大化，从低端商品上升到艺术品、实现建筑材料的层级，而以"竹"为核心的产业运作模式则为老村民带来了切实的经济效益。

当竹编的附加值提升，特色产业做大，村民的收入水涨船高，传承这门手艺的积极性便更高了。在这里，一度落寞的道明竹编焕发了新的生机，老村民自家院子的墙上刻画着每户人家如何通过竹编增收致富的励志故事，竹编成了村里最挣钱的产业。道明竹编现有非遗传承人58人，竹编艺人300余人，区域产业从业人员3000余人，并培育出了"道明竹艺产业发展有限公司""杨隆梅工作室""红梅竹编"等一批新兴传统工艺企业。

二是以"文"化"竹"，丰富竹文化产业内涵。竹艺村在发展过程中，立足"竹文化"产业，充分发挥本地的竹文化特色，将竹编产业与文创产业有效结合，利用中央美术学院这一平台，发挥其在产品设计、运营管理、营销推广等方面的优势，大力发展竹文化产业创意经济。[①]一方面，积极开发以竹为材料的文创产品。依托竹编产业基地，激发手艺人的创意思维，不断研发出富有创造性的竹编产品，打造以"竹"为

---

① 李婷婷：《乡村振兴：用文化延续未来》，《先锋》2019年第3期。

特色的文创产品品牌，增加从业群体的收入。另一方面，将竹元素嵌入空间结构中，打造以竹为主的整体空间。将传统竹编工艺与现代建筑有机结合，构建"竹里"等兼具艺术感与实用性的使用空间。升级原住民的居住空间，将其作为竹文化的文化载体打造，让竹艺村变成自己的广告牌。打造了知竹传习所、竹文化博物馆等"竹文化"展示空间，形成了"以竹艺为底、以文化为核、文化吸附积聚、多业态融合"的文化产业生态圈。

如果说"网红经济"已经成为崇州道明竹艺村的特色，而 2000 多年的竹艺传承所蕴含的深厚文化内涵则是其底色。在将"竹工艺"拓展为"竹文化"上，中央美术学院积极推动文创体验馆、艺术馆、生态自然博物馆的建立；支持竹编体验交互区、竹艺精品民宿等场馆建设，将非遗传统手工艺融入文化和旅游部高参小项目中；研发相关教材、制定网上课程，形成以文化产业为核心的"竹生态"，依托"竹文化"带动全域发展，着力打造生态景观、生活方式、经济模式等方面同步发展的竹产业模式。

作为"竹生态、竹生活""竹艺术、竹产品"理念的聚合，道明国际竹文化周于 2019 年正式立项并启动，成为崇州重要的文化品牌，并逐步拓展为有影响力的学术活动。"多彩巴蜀——道明国际竹文化节"作为第七届中国成都国际非物质文化遗产节的主体活动之一，于 2019 年 10 月首次在竹艺村拉开帷幕，集中展示了非遗传承助力脱贫攻坚和乡村振兴的多种路径、实践成果和重要作用。第二届道明国际竹文化节于 2021 年 9 月举行，在前期的新闻发布会上正式启动了"竹编创新设计和公共艺术大赛"，聚焦塑造"有一种生活美学叫成都"的城市文旅品牌，凸显天府文化蕴含的民风民俗、传统艺术和技艺，包含天府美食等各类非遗活态和形式，打造一批文旅融合新场景、新业态，让以竹文化为代表的天府文化可阅读、可感知、可欣赏、可参与、可消费。大赛最终遴选出 6

件创新设计作品与 4 件公共艺术作品展示在竹艺村景区中，成为最亮丽的风景线。

中央美术学院积极搭建载体平台，强化深研推广，不遗余力地宣传推介道明竹艺，为传承发扬竹文化建言献策，先后举办了"竹藤编非遗与设计"对话会、"枇杷茶及包装的非遗与设计"对话会、"竹生态 竹生活"传承人对话交流活动、"发展 融合 进化"对话传承人系列活动、"联结·跨越——国际设计师与工艺家对话论坛"，实现了高校与匠人的对话、传统手工艺与当代设计联结、非物质文化遗产与大众日常生活结合，在跨领域融合方面取得了实际成效。工作站还调动中央美术学院、成都理工大学的优秀团队，设计竹藤艺术、设计作品约 70 件，撰写调研报告逾 15 万字。出版《道明竹编》，为推动竹文化在乡村振兴中绽放新光彩、激发新活力奠定了坚实基础。

三是以"人"促"产"，提振文创产业发展能力。第一，加大人才培育力度，夯实人才基础。中央美术学院积极支持道明竹编传承人培训，采用"双育双培"的人才培养方式，院校、传承人、企业三者联动，通过驻地培训、脱产培训项目研培、插班授课、专家巡讲、外出考察等活动加强人才传承体系建设，并邀请来自英国皇家艺术学院、京都纤维工艺大学和台湾地区、东南亚的艺术家和设计师前往道明授课创作。一方面，把手工艺从业者培养成为具有现代意识和管理能力的人才——丁春梅和杨隆梅等人是较为突出的代表，组织手艺人组建合作社，传承人群共同出力，将"竹"这一元素与现代生活进行碰撞，制作出满足人们日常生活需求的作品。另一方面，吸引留学归乡学生，让其参加驻留计划创作作品，激发年轻人的热情，将传承人群培养成传统文化传播者。

第二，鼓励横向合作，实现人才全面发展。同时，鼓励道明传承人到中央美术学院开设工作坊、进行课题合作。丁春梅、杨隆梅作为第一批到中央美术学院系统学习的青年传承人，已经成为四川省优秀非遗传承人代表。中央美术学院学生与道明传承人合作作品参加广州国际家居博览会原创设计展，依托《蜀州艺进》研究课题参与规划了"竹艺村"及其无根山健步道等，并亮相武汉国际设计周，获得了各界肯定。毕业生黄婧以脱胎于传统器物鱼篓的改良作品参展，在米兰国际家居设计上海卫星展上荣获一等奖。

第三，以赛促学，提升人才技能水平。2018 年，工作站在竹艺村开展了成都市传统工艺编织技艺大赛，道明竹编、瓷胎竹编、怀远藤编、新繁棕编等项目传承人共 50 余人参赛，最终评选出工匠之星 20 名、创意之星 15 名、传承之星 15 名。2019 年，参加成都设计周"蜀州艺进"版块，深度参与产业布局，打造转型示范区域联动，并针对竹艺村周边"鸡鸣谷"乡村发展模式形成规划。2020 年，在 4 名东南亚艺术家和 1 名法国设计师的指导下完成 30 件竹藤编作品，其中大型作品 4 件，分别放在崇州市道明竹艺村、崇州市体育中心、崇州市文化馆美术厅等地供市民参观。在 2020 年"文化和自然遗产日"成都市主场活动中，工作站组织开展了以"非遗传承，健康生活"为主题的 2020 成都市非遗手工技能大赛，来自道明竹编、怀远藤编和新繁棕编的 50 名手工艺人参与现场技艺比拼。

四是以"宣"提"质"，提升乡村产业发展速度。第一，坚持村民主体，筑牢基础设施。乡村发展核心是原住民的发展。道明镇在发展过程中始终将原住民的发展放在首位，将乡村发展与居民利益捆绑，进而提升了发展的积极性与村落的整体凝聚力。首先，将手艺人集中在村里。其次，引入新村民开办小院，通过驻留计划、手艺人培训等方式建立合作关系，引入国有平台公司持续注入资金，进行自然环境、基础设施改造等。最后，为了使竹艺村可以延伸到整个区域，沿线各个乡镇一起打造了 42 公里的健身步道；除此之外，工作站还把乡村手艺学院、国际工坊引进来，补齐竹工艺产业链，研究挖掘读书台所蕴含的文化内涵，促进全域旅游和当地第三产业发展。

第二，搭建多元平台，强化宣传成效。工作站以道明竹编传承创新为示范，围绕"竹生活"和"美丽乡村"主题，连续多年在"竹艺村"举办非遗集市活动，2020 年累计举办非遗集市 30 场，其中崇州道明竹艺村共计举办 14 场、崇州街子古镇梅驿广场共计举办 6 场，还走进宽窄巷子、东郊记忆、清源社区、青石桥社区等地，不遗余力开展非遗展示与宣传。努力搭建线上营销平台，打造传统工艺类非遗项目公共品牌"成都手作"，先后开通"成都手作"抖音账号、快手账号，完成形象标识公开征集。建设成都手作非遗产品馆，让非遗走进市民生活。2020 年11 月，正式上线运营成都手作非遗产品馆，开展 4 场直播活动，累计浏览量达 70 万，带动军屯锅盔等成都非遗项目相关制品的线上销售，销售额增长 120 万元。同时，举办众多蜚声国内的艺术活动，开展海外艺术家驻留项目等，文化交流强化了竹艺村的艺术体验感，也传播了中华传统文化的精髓，进一步增强了"竹艺村"的吸附和传播效应。

二、崇州道明文旅融合的主要经验

为提升服务效能，道明镇以竹艺村等地为样本，采用"政府主导，社会参与"模式，以政府购买服务方式选聘"文旅管家"来运营基层综合性文化服务中心。立足竹艺村的高起点、国际范，制定并发布了"文旅管家"服务规范和标准，设定准入门槛，提出了服务质量考评的"硬杠杠"。"文旅管家"结合群众需求和当地实际，着重从服务内容、服务方式、服务机制上提升和改进，公共文化服务的质量和水准大幅改善，原住民知识技能、特长素养、精神面貌悄然提升，更大程度满足了群众对专业化文化服务的需求。"文旅管家"在竹艺村的实践，推动了政府从"办文化"向"管文化"职能的转变，使公共文化服务在竹艺村更加持续和生动，取得了基层公共文化服务的新成效。

（一）以文着力，助推乡村文旅产业发展

首先，竹艺村在培育新业态的同时，引进了当代艺术家刘伟福、"竹里"设计师袁烽、中国著名青年诗人马嘶等"新村民"，以及中央美术学院、文化管家团队等高校和社会组织。"新村民"带着"艺术家的眼睛、人文者的心、经营者的脑"来到竹艺村，与当地的自然、人文环境产生互动，将艺术巧妙融入乡村，有效推动当地文化挖掘和再生。2018 年，"道明竹艺村艺术季"中，竹艺村开展了包括海外艺术家驻留、儿童艺术节等适合全民参与的大众艺术体验活动，实现不同国家、不同文化背景的艺术交流，更加丰富了乡村生活方式。通过发挥新村民、新乡贤的文化带动和风尚引领作用，竹艺村原住民精神风貌得到进一步提升，生活习惯大幅改进，发展的信心和决心不断增强，文明乡风、良好家风、淳朴民风正在滋养这片美丽乡村。

其次，聚力保护传承，延续竹编文化艺术记忆根脉。现今社会处于农耕文明、工业文明、信息文明交融并存，却又发展失衡的现实环境。工业现代化加速更新与发展，导致生活方式转变。要传承和复兴非遗，就要关注手艺人的生存境遇，提高他们的声望和地位，建构"文化为魂"的整体生态，形成东方独有的生活方式导向，推动城镇化进程的同时注重保持地域性、原生态文化样貌。引导原住民素质提升、业态发展，让竹艺村逐步形成社会群体、原住民与当地政府相互合作的模式；进一步拓展手艺人的身份，引导他们主动提高自身优势。为此，道明镇结合自身实际摸索出一条致富之路。一是"化零为整"，保持发展趋势。着眼打破竹编艺术零散生存状态，搭建竹编文化创客基地，聚合 40 名竹编非遗传承人、100 名竹编艺人等匠人群体，实践"集群创作＋规模生产"模式，壮大形成集聚 4000 余名从业人员的竹编产业集群。2020 年，道明竹编入选国家级非遗代表性项目优秀保护实践案例。2021 年，道明竹艺

村的"竹子"实现综合产值 2.3 亿元。二是"以竹为媒"传承乡愁记忆。着眼传承发展竹编技艺，国家级非遗传承人赵思进与北京大学等机构联合编撰《道明竹编》，将"口口相传"的师承工艺具化为"图文并叙"的操作范本；搭建竹编非遗文化研习所等传承载体，常态化开展竹编技艺培训、竹编文化知识普及等活动，不断增进群众对竹编文化的情感共鸣与价值认同。

最后，聚力跨界融合，释放竹编文化艺术多元价值。道明镇以产品设计为媒介，积极推动传统工艺与当代生活方式、审美需求融合，产品本身需要关注功能、定制化、时尚、生态、社会性等面向，传统工艺经营与销售方向的思路应当及时拓展革新，以此不断提升产品的文化附加值。竹文化、竹生活与竹产品、竹艺术品融合发展思路，在人才培养的基础上，建立发展模式，搭建载体平台，启发传承人主动创新。着力于可持续设计，自然材料本身具有很强的在地性与可持续性，在加工工艺、生产环境上注重可持续的理念，形成与自然的有机合作共生。一是创构"竹编＋空间"的场景表达。坚持用现代设计糅合建筑美学、诗词意境与竹编艺术，建成"∞"（无穷大符号）形现代建筑"竹里"，应邀参加意大利威尼斯、美国芝加哥建筑"双年展"；整体规划、一体打造新中式林盘聚落"竹艺村"、2.1 平方千米竹艺公园，营造竹编博物馆、竹艺广场等"竹文化"展示空间，逐步呈现独具"国际范、天府味、竹编韵"的天府竹博小镇。二是探寻"竹编＋艺术"的当代演绎。着眼将竹编艺术"大众性"与当代艺术"品质感"有机融合，打造见外美术馆、国际艺术工作营等高品质文化融创空间，引入各领域知名艺术家成为"新村民"，常态化举办"国际艺术体验季"，推动高迪建筑研讨会、国际友城青年音乐周等高能级文化 IP 与竹编艺术跨界演绎，让多元时尚艺术走进乡村生活。三是激活"竹编＋文旅"的时尚消费。立足拓宽竹编文化消费外延，探索文化创意、精品民宿、康养旅游、研学团建等矩阵式、多业态融合模式，营造"丁知竹"竹编体验园、非遗集市等消费场景，形成以竹艺村为核心的"微商圈"，成功创建国家 AAAA 级景区，入选四川十大文旅产业地标。2022 年，竹艺村接待游客 61.03 万人次，带动旅游综合收入 5.08 亿元。

（二）以文提能，探索产业管理创新模式

一是道明竹编的发展过程，是聚力模式创新的过程。在发展过程中，产业管理部门着意构建"共营共享"联动机制。首先，引入社会资本打造来去酒馆、青旅无间等乡村品牌，催生竹艺工坊、鲜道·幸福里两家规上服务业企业，年营收实现 2300 万元，构建"社会资本＋集体经济＋农户"三方利益共同体，让群众共享竹编产业发展全链条收益，激发保护传承竹编文化的内生动力。其次，创新"文旅管家"服务模式。探索构建政府定标准、群众提需求、企业供产品三位一体的"文旅管家"模式，引入 13 支专业文化团队及艺术家、文化创客等"新村民"，聚焦道明竹编、川派盆景等民间文化艺术，定向开展群众性精神文化产品创作、旅游体验产品开发，让城乡居民享有更多彰显民间特色的高品质公共文化服务。最后，拓宽"竹编文化"传播渠道。借势全友、明珠等家居龙头企业全球产业链，在现代家居产品中融入竹编元素，实现借船出海、价值传播。积极参与国际人文交流活动，组织杨隆梅等新生代非遗传承人赴俄罗斯、英国、日本等国家开展文化艺术交流，推动"道明竹编"走向世界舞台，在国际文化交流中输出文化价值、扩大品牌影响力。

二是聚力机制建设，夯实竹编文化艺术发展能力。以"培、转、驻、引、宣"为核心，推动"艺术群体＋地方政府＋工艺传承"的合作机制。其中，"培"就是双育双培院校师生与传承人的双向互动教学培养，联手非遗传承人共同推动乡村产业转型升级，引导传承人发挥带头作用。"转"就是产业转型。发挥在地性设计的优势，结合地方特色，提出产业

转型策略。邀请新生代传承人，共同建立竹编标准化研究，提倡不同工艺种类的手工艺者进行合作。"驻"就是艺术家驻留。邀请国内外艺术家驻留、开展对话，先后邀请日本、英国、法国及东南亚地区的专家，中央美术学院、四川当地学校学生到竹艺村驻留。启动海外艺术家驻留计划，吸引中国著名青年诗人马嘶、传统生活美学践行者冯玮、旅法艺术家刘伟福、合达联行创始人游江等新村民及来去酒馆、青旅无间、归野民宿等乡村品牌。"引"就是引领带动。深度参与项目规划，围绕产业布局与文化植入提出"三态互生"，对文化定位进行深入讨论。以道明竹编传承创新为示范引领，通过工作站平台聚合工艺研究、创意设计、市场推广、金融投资等社会专业机构资源，推动崇州主要传统工艺的整体性提升，促进传统工艺振兴，助力乡村文化、产业、人才振兴。"宣"就是宣传。围绕"竹生活"和"美丽乡村"主题，在竹艺村中全面展示竹编内涵，促进竹编传承发展与公共文化服务、乡村休闲旅游、乡村创客基地的融合，使竹编传承人有获得感、幸福感，使游客全面体验竹生活，助力"有一种生活美学叫成都"品牌建设，推出"道明国际竹文化节（周）"文化品牌。

三是强化平台建设，助力竹编产业发展。引入中央美术学院、澳大利亚竹产业研究院等院所，建成中央美术学院传统工艺工作站、中英创意设计实验室等平台。通过工作站平台开展文化研究、学术交流、培训提升、创意实践等工作，努力打造并树立崇州传统工艺的品牌形象。同时，打造工作站作为重要的工作平台，在乡村发展中亦发挥了"服务""协调""转化"作用，形成相互依靠、互为补充的运行态势，助力竹艺村现代美丽乡村典型示范村建设，进一步促进文化和旅游的融合发展。目前，各工作站已联合开发竹丝彩绘等300余类创意产品，实现由"生活用品"到"艺术作品"的转变。典型案例是，2019年道明竹编"平安扣"被作为中日韩首脑会议伴手礼赠予日本前首相安倍晋三。

三、崇州道明文旅融合的理论启示

社会的变迁，让经济、文化、社会生活的方式和内容迭代加快。随之而来的是人民群众为了不断适应快速变化的社会环境，需要不断强化自我学习，同时也普遍表现为工作、生活压力加大。这种变化直接导致消费水平和消费理念的转变。在这种转变中，文化旅游逐渐被大家正视并重视，成为缓解压力的一种重要手段。

（一）创新文旅融合营销方式

文化旅游的形式最早出现在英国，18 世纪后半期，大量的城市居民涌入乡间，他们的目的主要是进行身体调养，恢复身体健康，同时实现心灵的放松。进入现代，旅游已不再是"白天看庙，晚上睡觉"，而是被赋予了文化的内涵，变成了一种新的生活方式。通过这种文化与旅游的嵌入融合，实现了"诗与远方"的结合，旅游不仅仅是身体的游玩，更是"发现美丽，创造幸福，分享快乐"的过程，文化旅游可以创造美好生活。

基于文化旅游内涵和外延的拓展和变化，在做文旅融合产业营销时，需要从实际出发，文字要被赋予画面的内涵，激发营销对象的想象和兴趣，通过文字＋图画的形式形成感官冲击，宣传的理念应围绕美好生活而展开。具体讲，可以主要从以下几方面着手。

一是重新定义营销重点。探索建立以用户体验为主的营销方式。随着时代的变迁、社会环境的变化，游客对旅游产品的需求也发生了变化。越来越多的游客从"观光者"变为了"参与者"，这就要求我们要根据需求的变化重新定义营销重点，要更多地关注人，让人在旅游过程中面对不同的风景能够呈现出和平时不一样的精气神。例如，近些年迅速兴起的茶卡盐湖，其开放式格局和传统意义上的景区有很大区别，游客对它的评论也褒贬不一。在岸边的游客看到的是一汪湖水，但走进湖中的人体会到深处其中的意境之美。两种体验，对应了两个宣传口号——"天空之镜""遇见最美的自己"，对应了资源和市场的两种不同价值取向。随着网络的发展，每一个人都是自媒体终端，四川甘孜的"浮云牧场"通过游客拍摄的照片吸引无数旅游爱好者不远千里体验入住。"秋千荡在云朵里""牧云牧姑娘"的口号更是为其增添了云之谜、雾之美。自媒体时代，拍照是为了纪念，更是一种认可。从产业发展的角度看，以生活的视角切入进行旅游宣传将是今后文旅产业营销的一个重点方向。

二是加强文旅融合产品的内涵建设。当下，无论是哪一类消费者都强调旅游与生活的有机结合，注重生活质量和个人体验。因此，在进行文旅产品营销宣传时，要深入了解消费者的消费需求，有的放矢地提高营销效率。据任泽平团队研究显示：我国目前的经济形势从长期来看，消费升级趋势仍在继续。为进一步提升文旅产品的适应度，可以积极探索文旅产品的内涵建设。为更好适应市场需求，可以尝试为"老产品赋予新内涵"，传统文化与现代文化相互结合、相互嵌入，让文旅产品作为文化载体在现代社会将传统文化发扬光大、焕发新生。在这一过程中，要充分尊重市场，要注重从文旅产品的需求、搜索、评估、购买、评价等环节入手，做好每一步工作。[1] 曾经，人们在产业发展过程中更多地关注"需求""搜索""购买"环节。未来，在产业发展中要注重在"评价"方面下功夫，充分发挥自媒体特征，为文旅产业发展提供积极支撑。

三是注重文旅产品的品牌建设。顺应人民群众对美好生活的向往，文化旅游不仅是社会经济发展的一个重要方面，文化旅游品牌也是展示地方魅力的一张特殊名片。文化旅游品牌是指旅游目的地凭借其产品及服务确立的代表其产品及服务形象的名称、标记或符号，或它们的相互

---

① 贺才乐、张涵：《大学生新孝德教育探讨》，《创新与创业教育》2017 年第 2 期。

组合，是景区品牌和产品品牌的统一，体现了旅游产品的个性及消费者对此的高度认同，具有唯一性、代表性和引导性的特征。就旅游目的地而言，在总体品牌之下，可以分为若干个主题品牌，例如商品品牌、线路品牌、节庆品牌等。文化旅游总体品牌与区域总体形象紧密相关，文化旅游主题品牌推动细分产业的联动发展，文化旅游的线路品牌带动区域社会经济的发展，文化旅游商品品牌推动区域产业链的跨界整合，文化旅游节庆品牌帮助区域知名度实现快速提升，文化旅游企业品牌帮助资源与市场对接。总之，文化旅游品牌对于区域社会经济发展有着重要的推动作用。在目的地打造文化旅游品牌的过程中，既要高瞻远瞩做响做亮总体品牌，也要脚踏实地做好主题品牌、线路品牌等支撑品牌，用一个丝丝入扣的文化旅游品牌体系影响游客，使他们在出发前心存向往，游览时乐在其中，回家后回味无穷。①

四是畅通文旅融合发展的产品宣传渠道，建立立体化的文化旅游营销宣传网络。营销最重要的工作就是宣传，宣传工作最重要的就是做到有的放矢，精准投放，提高效率。要达到理想的营销效果，就需要构建覆盖主要客源市场的营销宣传网络。即在境内外主要客源地，针对不同国家和地区受众的消费特征、阅读偏好、接收信息的渠道，初步以新媒体为重点，建立包括手机网络、广播电视等媒体在内的宣传网络。宣传营销渠道的构建需要把握以下几个方面：首先是营销媒体的选择，这既要考虑媒体的覆盖度和影响力，也要考虑媒体的多元组合。针对一个事件营销，不同的受众、持续的时间、媒体等特点各不相同，因而应选择不同的媒体组合。同时，还要重视新媒体和新的传播手段的应用。其次，要建立资源共享的文化旅游营销系统。要达到营销信息的畅通和效益最

---

① 欧家瑜：《日本产业集聚对区域经济增长的影响研究——基于县域面板数据的实证分析》，山东大学硕士学位论文，2018年。

大化，有必要建立一个资源共享、信息畅通的营销系统。这样在营销活动筹备时，便可以从文化旅游营销系统通盘考虑，实现投入产出比的最大化。

具体而言，要重视平台共享。基层文化旅游目的地的活动要尽量借助上一级的相关平台，争取纳入上一级的营销统筹工作，统筹开展营销。重视渠道共享。好的营销渠道可以扩大产品的影响力，应尽可能地打通不同层级的营销渠道，为本区域内的文旅营销宣传作准备。要充分利用本级和上级相关部门已经搭建好的现有渠道进行宣传。要注重信息共享。对于一些市场动态信息调研、分析营销效果的评估等可以参照相关部门或上级部门的信息，实现内部共享，增强文旅产业发展决策的科学性。

（二）加大文旅融合发展的人才培训力度

一是做好旅游培训基地，加大文化旅游人才培训力度。以培训基地为手段，培育更多的文化旅游人才。培训基地对自身的职责定位要做到思路清晰、目标明确，在课程设计上既要考虑培训目标的实际情况，也要针对文旅产业发展对人才提出的实际需求作出回应，同时还要结合文旅产业发展的投资人对于知识获取的渴求，有效开展培训。"十年树木、百年树人"，文化旅游人才培训基地要积极推进文化旅游人才队伍建设，根据培训对象的自身特点，多样开展"封闭式""拉练式""网络化"等培训，争取用更短的时间实现更高的效率，依托优质师资，利用科学的方法培养一大批爱乡村、爱旅游、懂文化、懂经营的文化旅游人才。以项目为依托，不断提升文化旅游人才的综合能力。文化旅游人才具有明确的指向性，其最终要回归产业、回馈乡村。文化旅游人才培训基地应多元化承担好各类文化旅游培训项目。以产业为目标，有效承接纵向和横向的各类培训项目，以项目为依托，面向市场展开培训，逐渐提升内部的造血功能。在开展培训的同时，培训基地应充分发挥其实践优势，积极开发操作性强的文化旅游专题培训课程并设计相应的教材。同时充分调动各方积极因素，广泛动员社会各界力量，进行交流合作，为人才培训搭建平台，把各类基地打造成文化旅游人才培养的重要阵地，为文化旅游业发展培养更多的优秀专业人才。

二是立足文旅产业发展，选聘优秀师资。首先，根据培训对象的特征选聘师资。文化旅游人才培训师要兼具"专业性"和"亲和力"。教师要能够尊重学员诉求，课程内容要能够"上得去、下得来"。也就是在进行理论提升的同时必须能够和学员的实际需求相结合，要能够想学员所想、急学员所急，避免出现一味追求"专业术语"、追求"高大上"而导致学员听觉、视觉疲劳的问题。文化旅游培训时，学员来自各个地区、各个部门，要找到其共同的价值认知并将其融进"亲和"之中，破解其面临的共性问题，才能达到应有的教学效果。其次，师资选聘方面，可以考虑吸纳那些有成功开发经验且具有一定理论基础的创业者或者企业主，这些人在实践方面的经验往往是理论教师难以企及的。他们通过对自身经历的剖析可以为学员如何更好地面对和处理在实际工作中出现的各类问题提供经验借鉴，同时通过教学平台形成长期联系，有利于后期指导。最后，要协助教师做好精品课程建设。"尺有所短，寸有所长。"教师在理论方面的优势显而易见，为了进一步提升培训效果，培训基地仍需在培训学习、资源共享、课件制作、课程录播等方面充分发挥团体优势，运用基地资源为教师做好服务和保障，让教师把主要精力放在做好精品课程上，全员努力打造一批"网红教师""爆款课程"，不断地丰富精品课程资源，提高课程含金量。

三是不断创新培训方式，满足人才的不同需求。文化旅游培训要充分激发学员的积极性和主动性。通过采取"互动式"的教学方式，不断引导学员思考，形成思想碰撞。在培训中要坚持问题导向。选择一些具有典型性的问题，采取"头脑风暴法"等方式展开研讨，通过平等交流对问题进行深入讨论，让培训从传统的课堂讲授走向互动交流。文化旅游培训对学员来说既是一次理论的提升，也是一次平台的搭建。通过培训，学员、教师、培训机构之间可以建立起长效而紧密的联系，培训各方积极反馈实践经验，通过现场互动不断对知识进行论证和巩固，使学员在学习的同时延展自己的产业链条。比如"项目推介会"成为学员们自己推广、招商、合作的平台，"翻转课堂""直播课堂"是学员和教师深度沟通的平台，"班委会""班级群"则是学员和培训基地之间的良好沟通平台。

四是立足文化旅游产品案例，用好现场教学。"百闻不如一见"，文化旅游是一个"田野"学问。课堂教学中展示的图片和视频案例尽管生动，但由于空间尺度和感官条件的限制，相较于"走出去"和看一看的直观感受，其效果大打折扣。"田野教学"时的案例现场本身就是一个"信息库"，通过对案例的对比分析，可以实现自我总结和提升，对于提升文化旅游培训的针对性和有效性具有不可替代的作用。要做好现场教学，首先要结合课堂内容，选好现场教学点，做到理论与实践的有机结合。现场教学是理论的补充和升华，需要有前期理论教学的铺垫，让学员们知道看什么、怎么看，并在看和听的过程中受到启发。其次要做好现场的讲解引导。现场教学的时间宝贵，不能面面俱到，要通过讲解员的带领，让学员了解给文化旅游带来"质变"，让游客感到"震撼"的几个关键点，从而起到画龙点睛的效果。最后要与现场文化旅游从业人员进行沟通交流。学员来自各地，其关注点和诉求各有侧重；在现场考察后要留出时间让学员们与现场的从业人员进行交流沟通，这样可以让他们了解行业一线的具体情况，通过主动交流得到自己所需要的信息。

五是用活培训平台，建设文化旅游智库。文化旅游培训需要在实处发力，以我国文化旅游发展中的理论和实践问题为导向，与时代同发展，发挥推动文化旅游发展的平台作用和智库作用，出人才、出成果，为繁荣发展我国各地文化旅游事业作出重要贡献。第一，对学员数据资源进行维护和开发应用。文化旅游中人才多，不少是某个领域的行家里手，许多人来自一线，对文化旅游发展中的问题了解得比较深，培训后将在文化旅游建设中发挥重要的作用。每次培训结束后，都要建设和维护学员数据库，持续关注他们的发展项目，了解他们的知识需求，并为他们在开发中出现的具体问题提供智力支持，观察总结他们的劳动技能、创新方法、管理经验，并将这些案例转化为能够广泛传播、充分发挥示范带头作用的教学课件。第二，发挥新型特色文化旅游智库作用。各级文化旅游培训基地应充分发挥自身的特色，积极满足文化旅游发展现实需求，发挥培训基地对接文化旅游产业科研和市场运作两端的独特优势，形成一批文化旅游理论创新、制度创新、实践创新的成果。第三，加强对文化旅游发展关键性问题的研究攻坚。文化旅游发展如火如荼，但在具体发展过程中还有许多新的亟待解决的问题。例如，在培训中，许多人才都提出了不知道如何融资、不知道找谁融资的问题，然而目前专门进行文化旅游投资研究的专家非常稀缺。要解决这类市场紧缺且关系文化旅游发展大业的问题，就要利用参与培训的人才资源进行科研攻关，并与基地中的其他专家共同展开讨论，研究出破解之策，形成相应的措施和建议，切实解决发展中存在的问题。第四，建立科研转化平台。凭借培训基地的智力资源和案例储备对接培训学员暴露出来的问题，形成长效的辅助帮扶机制。培训基地既可以对文化旅游发展中存在的紧迫问题进行研究，也可以为实践中的文化旅游业主进行个案指导。培训基地应该通过课题研究、导师指导、在线培训等多种途径，为广大学员提供长期的、持续的智力支持，为我国文化旅游更好更快地发展作出积极的贡献。

（三）健全文旅融合发展的统筹协调机制

地方政府应探索成立城乡文旅产业发展领导小组，统筹文旅产业发展相关工作，引导各相关部门实现信息互联、资源共享，加强沟通和交流，实现互利互惠。对于在自身职能分工方面存在争议的工作建立转办制度，交由相应的职权部门处理。对于各文旅产业项目，地方政府需要从土地流转、空间规划、产业布局、环境保护、交通保障等方面予以协调和平衡，防止出现规划之间的冲突，以形成彼此协调、执行高效的工作机制。

一是注重规划之间的有效衔接。文旅产业相关部门应深入合作，争取在指定区域进行产业发展规划时将文旅产业发展规划纳入其中。同时，其他相关的土地、环保等规划制定过程中要做好与文旅产业发展的衔接。交通部门要将交通线路的发展规划与文旅产业发展布局有效结合起来，努力打通文旅产业发展的"最后一公里"。以此为基础，在文旅产业发展过程中引入大数据等现代规划技术，优化功能结构、土地布局，做好基础设施和服务保障。同时，将产业发展与地域特色有效结合起来，逐步完善城乡空间的休闲游憩功能。

二是完善文旅产业发展的目标责任管理机制。地方政府应把文旅产业发展的任务目标科学分解到相关职能部门，建立产业发展的目标责任机制。同时，将文旅产业纳入年度目标考核体系，适当增加文旅产业发展的考核权重，以形成合力，切实将文旅产业发展的目标任务落到实处。

三是建立文旅产业发展的信息服务机制。完善文旅产业发展的信息网络。依托网络技术、大数据等基底数据，联通气象、交通、卫生、应急等相关部门，实现数据互联共享，扩大旅游服务信息的覆盖面，全面提升文旅产业发展的信息服务水平。文化旅游主管部门应加强与物价、公安、工商等部门的合作，建立各市场经营主体的诚信档案，并以数据库的形式向公众开放，提供查询功能。依托各类数据平台和数据库，积极发展智慧旅游产业。

四是建立文化旅游安全预警和应急机制。加强与气象等部门的沟通，建立旅游地的安全风险检测、评估、预警机制，完善对洪灾、火灾及地质灾害等各类危险事故的监测预警。建立应急预案体系，完善事故救援机制。

五是建立文旅融合发展的工作机制。建立文旅产业发展联席会议制度。通过定期或不定期召开联席会议，协调解决在产业发展中出现的一些重大问题，同时对年度产业发展目标和任务作出规划，并努力将其纳入相关部门年度工作计划。联席会议可由地方主要领导作为召集人，便于部门之间的沟通协调及信息交流；以联席会议为桥梁实现信息在部门之间的传输、共享；联席会议负责牵头对文旅产业发展问题进行协调。

六是优化文旅产业发展的服务标准化机制。联合文化、卫生、工商、质监等部门研究出台涉及食、住、行、游、购、娱等旅游要素的服务标准，以标准化建设推动文化旅游要素服务质效的提升。建立科学合理的奖惩机制，推动文旅产业要素服务的等级评定和推荐，用标准化的方式对文化旅游购物场所和餐饮娱乐场所进行分等定级，细分文化旅游消费市场，丰富消费层次，引导服务企业规范管理，诚信经营，树立品牌形象，为进一步规范文旅产业市场秩序、提升服务标准奠定基础。

七是加大交通对文旅产业发展的支持力度。文化和旅游部门应加强与交通、公安等部门的合作。加快打通景区"最后一公里"及景区连接线道路的建设，让景区进出可达性进一步提高。整合公交、大巴等交通资源，积极发展"景区直通车"项目，构建"快旅慢游、便捷安全、无缝换乘"的立体旅游交通体系。发挥共享经济优势，将网约车纳入文化旅游交通网络体系，解决旅客换乘问题。

八是积极促成产业间的联通互动。依托乡村振兴与社会治理的政策及实践环境优势，将文化旅游作为兴旺产业、文明乡风的重要抓手，培育乡村振兴新的增长点。适时出台相应的政策打破发展瓶颈，实现以乡村民宿、休闲农庄等为代表的现代农业与乡村旅游的有机融合。鼓励旅游房车、户外运动等乡村文化旅游产业链条上的上下游产业发展；鼓励保险、动漫、游戏等行业积极探索与文化旅游融合发展，创新产业发展形势；在乡村旅游中加大对信息、技术的运用，提升文旅产业的管理水平，改进生产方式。

九是推动文旅产业的跨界融合发展。通过对区域内吃、住、行、游、购、娱等环节资源的整合，不断丰富文化旅游业态，提升文化旅游的综合效益。根据区域特色，发展特色旅游康养产品、研发游学线路并进行相关产品设计等。尽快出台老年旅游服务规范，加快建成专业化的老年旅游服务标准和品牌。

十是建立文旅融合产业发展的监管机制。完善投诉受理机制，建立文化旅游违法、违规行为查处信息共享机制和案件移送调查办理机制，做到接诉后迅速办理或转交，并及时跟踪处理，确保每个案件都能得到及时解决。在景点及市内增设服务平台和受理点，及时解决游客的各类问题，引导游客通过民事规范解决纠纷。地方文旅部门作为文化旅游的主管部门，统一受理各项旅游纠纷并处理各类投诉，同时对下级部门的转办案件随时跟踪，了解处理情况。

十一是建立文化旅游联合执法的长效机制。文化旅游涉及文创产品销售、文化产品消费、餐饮服务、交通服务等各行各业，为进一步规范文化旅游产业发展，优化旅游地的环境，需要文旅部门联合工商、公安、交通等相关职能部门统筹协调、齐抓共管，建立联合执法机制。工商部门重点整治虚假广告及无证经营；物价部门重点加强文化旅游市场价格监督，规避价格欺诈；城管部门重点整治文化旅游目的地周边流动兜售、占道经营等违法行为；公安部门重点打击诈骗胁迫游客的行为；交通部门重点整治无证营运、异地车辆非法驻地经营等行为；文化和旅游部门重点规范服务质量，牵头做好文化旅游市场联合执法检查和游客维权工作。

十二是建立多级联动的执法体系。对旅游案件做到统一受理、联动处理、属地管理、分级负责。在基础较好的地区建立文化旅游行政执法机构，努力构建上下联动、左右互通的开放式立体旅游执法体系。

十三是形成淡旺季差异化的文化旅游监管方式。在旅游旺季，尤其是春节、国庆节等重大节日，文化旅游主管部门与各职能部门应统筹联动，积极抽调人员组建专门力量进行文旅市场的综合管治工作，以确保旅游市场的有序发展。在旅游淡季，充分利用和发挥旅游服务平台的功能和作用，做到对各类旅游投诉等案件迅速反应、及时解决，提升文化旅游工作的管理效能。

十四是加强对文旅产品和服务的价格管理。文旅部门应定期加强与工商、发展改革委等部门合作，定期向社会发布主要旅游线路的参考价格，物价等部门应积极履职，防止景区胡乱涨价等行为的发生。尝试根据旅游淡旺季实行浮动价格机制，避免出现旺季恶意抬价，淡季恶意降价的行为，避免恶性竞争，维护正常的市场秩序。健全运游结合的联动管理机制。建立文化旅游与交通部门联合对从业人员和文化旅游车辆的认证和检查机制，交通运输部门审批旅游客运企业、投放旅游汽车，事前应当征求同级文旅部门的意见；对旅游车辆驾驶员实行岗前培训，持证上岗。

十五是建立文化旅游行业自律机制。支持行业内的社会组织建设和发展，鼓励各行业协会等社会组织在维护市场秩序、维护行业形象等方面发挥积极作用。引导其积极参与到文旅产业发展的规划、管理工作中来。例如，尝试让文化旅游社会组织承担部分质量等级评定、暗查暗访等职能，使其逐步与政府部门脱钩。通过政策规范，引导文化旅游协会和其他行业协会（例如摄影家协会、美术家协会、互联网协会等）形成有效的联系机制，以共同解决文旅产业发展中出现的一些问题。

结语："三农"现代化视野下的乡村文化建设

近代以来，中国城乡关系的变迁导致城乡文化关系逐渐逆转，乡村整体上处于城市的下风。乡村振兴升级为国家战略，城乡并举、城乡互动、城乡互补也都意味着城乡关系在"平等"意义上的结构性调整。作为人的社会实践活动，"建设"必然意味着作为主体的人积极致力于实现某一目标的社会行为。这也就意味着，文化建设实践活动必然有明确的倡建主体，并确立某一种文化为核心，进而在可影响范围内有意识地、积极地对客观存在的社会文化现象进行干预和扰动，力图使该文化扩散或覆盖全社会。作为一种新文化形态的倡建，文化建设很容易与社会既有的文化形态形成冲突性关系，特别是对传统文化的冲击。建设者主导的文化形式在突破既有文化格局的同时，也将逐步地对传统的文化形态形成某种压制；所谓不破不立，新文化"立"的同时必然伴随着旧传统的"破"。

传统社会的乡村文化，本质上是人与土地的关系在生产生活上的整体反映。自给自足的小农经济，意味着土地能给生活在此的人提供生存所需的基本满足。也正是在这个意义上，从梁漱溟、晏阳初以来的"乡建"研究者们都倾向于强调乡村文化在生产、生活、生态等方面的整体性。从文化与社会的关系上说，其实也就是人与土地的关系具有整体性，导致以人与土地的关系为根本基础的乡村文化具有了整体性。然而，随着工业化、城镇化、市场化的快速发展，人与土地的关系整体性开始松动并逐渐趋于解体。因为工业化、城镇化和市场化使生活在乡村的人们也可以不依靠土地而获得生存所必需的物品，人对土地的依赖不再具有生产生活的整体性，进而以人-地关系为根本基础的乡村文化之于生活在乡村的人也就不再有整体性。

新时代乡村文化建设活动必须面向现代社会本身，面向乡村必须现代化、农业必须现代化、生活在乡村的人必须现代化的必然趋势，逐步浸润、扩散、同化于中国社会。这一过程中，乡村社会并不是白纸一张，即不会出现无条件的、全盘性的文化接受，乡村社会的文化偏向和好恶必然会不断地影响着乡村文化建设。这种相互影响的关系导致文化的倡建也随之发生变化，即文化的内涵自身被置于调整适应、改变提升、扩充完善的过程之中。全球化越来越走向纵深的当下，人类多元文化自由流动使文化选择在一定程度上成为可能。

丹棱的实践告诉我们，在推进乡村文化振兴的过程中，积极探索文化院坝产品供给，推进民间众筹文化院坝可持续、高质量发展，初步形成了培育社会多元主体、推动农村公共文化服务下沉的实践经验。民间众筹文化院坝主要源于群众自发、社会众筹，地方政府一开始并没有将其作为一项文化工程进行建设，在自主运行一段时间并产生一定社会效应之后，地方政府总结推广其经验做法，并将其列入乡村公共文化服务体系建设的重要内容，进而成为乡村文化建设的重要部分。

从民间众筹文化院坝的文化生产实践来看，农民自发的文化活动，较好地促进了乡村文化的"再生产"，在传承优秀传统文化的基础上，赋予乡村文化新的时代内涵，体现了国家话语嵌入乡土社会过程中对传统乡土文化的更新，在推进乡村文化振兴中发挥了重要作用。全面推进乡村振兴的大背景下，民间众筹文化院坝成为有效联结国家与农民的“中间组织”，在地方政府的引导、支持和赋权下有序发展，有效推动了乡村公共文化繁荣，有力促进了乡村文化振兴，也在一定程度上解决了党的基层文化领导权问题。

乡村公共文化空间重建的过程，伴随着地方政府、企业、社会组织和村民群体等多元力量的相互作用、动态建构。这一过程不是静态的、单向的，而是在不同的互动情境中不断包容差异和冲突，实现多元主体间的互构与适应，呈现出动态演化、合作博弈等特征。在乡村公共文化空间重建的过程中，地方政府通过出台支持政策、搭建合作平台、建立结对帮扶、形成共赢机制等方式，引导社会多元主体关心、参与其中，以多元力量协作实现彼此之间的相互调节和适应，进而有效解决移动互联网时代农村文化娱乐活动“边缘化”“原子化”问题。

珙县的实践经验告诉我们，以乡村文化振兴为核心取向的乡村文化建设，在国家治理体系和治理能力现代化的战略视野下，必然关涉文化体制改革。深化文化体制改革，就必须推动政府及其文化部门由“办文化”向“管文化”转变。在推进农民文化理事会机制建设中，珙县实现了政府职能有效转变、群众活力有效提升、工作杠杆有效延伸、地方文化有效传承“四个成效”，对珙县现代公共文化服务体系建设起到了重要的推动作用。通过建立农民文化理事会，革除政府大包大揽的弊端，引导群众广泛参与文化建设与管理，改变了基层政府管建设、管投入、管活动、全包干的现状，开辟了政府资金和民间资本多元投入和有效利用的新途径，免费开放、农村文化建设等专项资金充分发挥作用的同时，演艺团队、文艺协会、企业等的投入大量增加，初步实现了群众、政府、社会资源有效整合，逐步形成了以群众为主体的公共文化服务多元协同机制。

蒲江的例子告诉我们，作为基层公共文化服务机制体制的创新探索，农民文化理事会的运行，在牢牢把握党的文化领导权的前提下，坚持"党政主导、社会主办、群众主体"的原则，初步形成了县乡两级文化主管机构"导文化"、农民文化协会"办文化"、农民文化理事会"种文化""三位一体"的农村文化管理服务机制。城市文化和乡村文化，在当代不可避免地依次出现：相互接触，接触中发生冲突，冲突中几经磨合进而实现整合，只是在不同地方以这样或那样的不同形式出现。

随着城乡界限打破，人在城乡之间流动，或城里工作、乡间居住，或乡间奋斗、城里安家，城市和乡村整合为同一人群流动的空间，尤其是城市和乡村作为比邻之地，政府的行政规划也成为这种融合的重要推手。在城乡边界模糊，城中有乡、乡中有城的当前乃至更远的未来，即使有些地方城乡相隔较远，因为交通更加便捷、信息技术先进，物理距离也会进一步缩小，农、城边界也将进一步淡化。城市文化和乡村文化会杂糅出符合城乡融合的新型文化，既有工商业文明的理性和契约精神，同时兼具熟人社会的人文感性。未来城与乡的概念也许会随之淡化，被新的名词所取代。

旺苍的实践告诉我们，从乡村文化与乡村本身的关系来看，已有一套认定及运行机制的非遗，可视为对乡村文化传承价值的一种制度确认。为此，课题组选择以非遗的传承、开发与利用的地方经验作为乡村文化建设的一个重要构成。毕竟，如何利用乡村传统的文化资源助力乡村振兴，既关乎乡村传统文化的现代化，也关乎作为乡村文化生成和发展的乡村社会的现代化。

从旺苍端公戏的缘起、传承与发展的现状，以及在新时代旺苍端公戏试图突破困境，实现创新性发展的历程不难看出，旺苍由于地处陕西汉中平原到成都平原的过渡山区地带，受区域性地理位置的影响，佛教和道教在此发展极不充分，端公戏作为一种地方萨满巫术在一定时期满足了当地民众的信仰需求，并增强了当地的族群与地域认同，具有较强的时代价值与现实意义。

受现代性的影响，旺苍县的民间传统非遗文化正在经历着深刻的变化，传统端公戏民间信仰的主体性和整体性在一定程度上受到冲击，致使其文化中原有的自我保护和传承机制逐渐失效，但因其独特的历史境遇和文化价值在当前仍有一定的生存空间。在保护、传承和发展非物质文化遗产的过程中，政府如何把握行政化、市场化与社会化三者之间的关系，才能让端公戏这一民间传统民俗文化既能植根于本土乡村文化，在变迁中保障文化的延续和传承，又能提升其专业度、内涵和品质，助力乡村文化高质量发展。

崇州道明的实践告诉我们，为提升服务效能，竹艺村采用“政府主导，社会参与”模式，以政府购买服务方式选聘“文旅管家”来运营基层综合性文化服务中心。立足竹艺村的高起点、国际范，制定并发布了“文旅管家”服务规范和标准，设定准入门槛，提出了服务质量考评的“硬杠杠”。“文旅管家”结合群众需求和当地实际，着重从服务内容、服务方式、服务机制上提升和改进，公共文化服务的质量和水准大幅提升，原住民知识技能、特长素养、精神面貌悄然提升，更大程度满足了群众对专业化文化服务的需求。“文旅管家”在竹艺村的实践，推动了政府从“办文化”向“管文化”职能的转变，使公共文化服务在竹艺村更加持续和生动，取得了基层公共文化服务的新成效。社会的变迁，让经济、文化、社会生活的方式和内容迭代加快。随之而来的是人民群众为了不断适应快速变化的社会环境，需要不断强化自身学习，同时普遍表现为工作、生活压力加大。这种变化直接导致消费水平和消费理念的转变。在这种转变中，文化旅游逐渐被大家正视并重视，成为缓解压力的一种重要手段。

概言之，新时代是全面推进国家治理体系和治理能力现代化的时代，乡村和乡村文化必须自觉服从于和服务于这一时代大战略。而服从和服务的整体，也就决定了乡村文化在本体性、发展性、功能性等维度的"治理取向"。如果此前的乡村文化和乡村文化建设未必强调自身在社会大系统中的"治理"性，那么新时代之"新"也就意味着审视自身必须具备"治理"自觉——既是文化培育、文化发展的自觉，也是作为治理资源、治理主体及治理客体的自觉。

参考文献

一、中文专著

1. 梁漱溟. 乡村建设理论 ［M］. 上海：上海人民出版社，2006.

2. 梁漱溟. 中国文化要义 ［M］. 上海：上海人民出版社，2005.

3. 费孝通. 乡土中国 生育制度 ［M］. 北京：北京大学出版社，1998.

4. 张静. 身份认同研究：观念、态度、理据 ［M］. 上海：上海人民出版社，2006.

5. 蔡尚伟. 影视传播与大众文化 ［M］. 成都：四川大学出版社，2005.

6. 刘登阁. 全球文化风暴 ［M］. 北京：中国社会科学出版社，2000.

7. 武斌. 现代中国人：从过去走向未来 ［M］. 修订版. 沈阳：辽宁大学出版社，2007.

8. 俞吾金. 意识形态论 ［M］. 修订版. 北京：人民出版社，2009.

9. 潘一禾. 观念与体制：政治文化的比较研究 ［M］. 上海：学林出版社，2002.

10. 徐勇. 中国农村村民自治：制度与运行 ［M］. 武汉：华中师范大学出版社，1997.

11. 苏力. 法治及其本土资源 ［M］. 北京：中国政法大学出版社，2004.

12. 李宝臣. 文化冲撞中的制度惯性 ［M］. 北京：中国城市出版社，2002.

13. 王斯福. 乡土社区的秩序、公正与权威 [M]. 北京：中国政法大学出版社，1997.

14. 俞可平. 中国公民社会的制度环境 [M]. 北京：北京大学出版社，2006.

15. 孙立平. 失衡：断裂社会的运作逻辑 [M]. 北京：社会科学文献出版社，2004.

16. 贺雪峰. 乡村治理的社会基础：转型期乡村社会性质研究 [M]. 北京：中国社会科学出版社，2006.

17. 余秀兰. 中国教育的城乡差异：一种文化再生产现象的分析 [M]. 北京：教育科学出版社，2004.

18. 刘铁芳. 走向生活的教育哲学 [M]. 长沙：湖南师范大学出版社，2005.

19. 舒扬. 当代文化的生成机制 [M]. 北京：中央编译出版社，2007.

20. 陈燕. 公平与效率 [M]. 北京：中国社会科学出版社，2007.

21. 刘铁芳. 乡土教育的人文重建 [M]. 福州：福建教育出版社，2008.

22. 陈柏峰，郭俊霞. 农民生活及其价值世界：皖北李圩村调查 [M]. 济南：山东人民出版社，2009.

23. 温锐. 毛泽东视野中的中国农民问题 [M]. 南昌：江西人民出版社，2004.

24. 李小云，赵旭东，叶敬忠. 乡村文化与新农村建设 [M]. 北京：社会科学文献出版社，2008.

25. 罗文章. 新农村道德建设研究 [M]. 北京：当代中国出版社，2008.

26. 于建嵘. 岳村政治：转型期中国乡村政治结构的变迁 [M]. 北京：商务印书馆，2001.

27. 钱理群，刘铁芳. 乡土中国与乡村教育 [M]. 福州：福建教育出版社，2008.

28. 吴一文．文化多样性与乡村建设［M］．北京：民族出版社，2008.

29. 温铁军．三农问题与世纪反思［M］．北京：生活・读书・新知三联书店，2005.

30. 曹锦清．黄河边的中国［M］．上海：上海文艺出版社，2004.

31. 杨建华．分化与整合：一项以浙江为个案的实证研究［M］．北京：社会科学文献出版社，2009.

32. 费孝通．江村经济［M］．上海：上海人民出版社，2004.

33. 王文兵．文化自觉与社会秩序变革［M］．北京：中央文献出版社，2005.

34. 黄平．乡土中国与文化自觉［M］．北京：生活・读书・新知三联书店，2007.

35. 梁漱溟乡村建设理论研究会．乡村：中国文化之本［M］．济南：山东大学出版社，1989.

36. 张俊芳．社会转型期社会文化心态变迁规律研究［M］．大连：大连海事学院出版社，2002.

37. 刘铁芳．乡土的逃离与回归［M］．福州：福建教育出版社，2008.

38. 潘维．中国社会价值观变迁30年（1978—2008年）［M］．北京：中国社会科学出版社，2008.

39. 田翠琴，齐心．农民闲暇［M］．北京：社会科学文献出版社，2005.

40. 徐勇．现代国家乡土社会与制度建构［M］．北京：中国物资出版社，2009.

41. 赵力平．城市文化建设［M］．北京：中国社会科学出版社，2005.

42. 黎玉琴．秩序与和谐的文化追求：超越个体理性和集体理性［M］．贵阳：贵州人民出版社，2006.

43. 李友梅. 快速城市化过程中的乡土文化转型［M］. 上海：上海人民出版社，2007.

44. 张华侨. 拯救乡土文明［M］. 武汉：湖北人民出版社，2008.

45. 唐君毅. 文化意识与道德理性［M］. 桂林：广西师范大学出版社，2005.

46. 谢迪斌. 破与立的双重变奏：新中国成立初期乡村社会道德秩序的改造与建设［M］. 长沙：湖南人民出版社，2009.

47. 薛毅. 乡土中国与文化研究［M］. 上海：上海书店出版社，2008.

48. 祝彦. 救活农村：民国乡村建设运动回眸［M］. 福州：福建人民出版社，2009.

49. 彭大鹏，吴毅. 单向度的农村［M］. 武汉：湖北人民出版社，2008.

50. 熊景明. 进入 21 世纪的中国农村［M］. 北京：光明日报出版社，2003.

51. 曹锦清. 当代浙北乡村的社会文化变迁［M］. 上海：上海远东出版社，2001.

52. 李培林. 村落的终结［M］. 北京：商务印书馆，2004.

53. 李友梅. 费孝通与 20 世纪中国社会变迁［M］. 上海：上海大学出版社，2005.

54. 柯兰君，李汉林. 都市里的村民：中国大城市中的流动人口［M］. 北京：中央编译出版社，2001.

55. 黄宗智. 华北的小农经济与社会变迁［M］. 北京：中华书局，2000.

56. 严士凡. 秩序与繁荣：关于中国社会变革与发展道路［M］. 北京：中国社会科学出版社，2005.

57. 贺雪峰. 新乡土中国［M］. 桂林：广西师范大学出版社，2003.

58. 朱新山. 乡村社会结构变动与组织重构［M］. 上海：上海大学出版

社，2004.

59. 孟雷．从晏阳初到温铁军 [M]．北京：华夏出版社，2005.

60. 吴敏先．中国共产党与中国农民 [M]．长春：东北师范大学出版社，2000.

61. 胡新民．城市发展与乡村文明 [M]．杭州：浙江人民出版社，2006.

62. 赵汀阳．没有世界观的世界 [M]．北京：中国人民大学出版社，2005.

63. 吴毅．小镇喧嚣 [M]．北京：生活·读书·新知三联书店，2007.

64. 吕子房．川北灯戏 [M]．成都：四川文艺出版社，1986.

65. 四川省旺苍县志编纂委员会编．旺苍县志 [M]．成都：四川人民出版社，1996.

二、译著

1. 拉德克利夫·布朗．社会人类学方法 [M]．夏建中，译．北京：华夏出版社，2002.

2. 玛格丽特·米德．文化与承诺：一项有关代沟问题的研究 [M]．周晓虹，周怡，译．石家庄：河北人民出版社，1987.

3. 赖特·米尔斯．社会学与社会组织 [M]．何维凌，黄晓京，译．杭州：浙江人民出版社，1986.

4. 黑格尔．历史哲学 [M]．王造时，译．北京：生活·读书·新知三联书店，1956.

5. 黑格尔．哲学史讲演录：第一卷 [M]．贺麟，王太庆，译．北京：商务印书馆，1983.

6. 维尔旨雷·帕累托．精英的兴衰 [M]．刘北成，译．上海：上海人民出版社，2003.

7. 查尔斯·赖特·米尔斯．权力精英 [M]．许荣，王崑，译．南京：南京大学出版社，2004.

8. 费正清．美国与中国［M］．张理京，译．北京：世界知识出版社，2003.

9. 哈耶克．自由秩序原理［M］．邓正来，译．北京：生活·读书·新知三联书店，1997.

10. 玛格丽特·米德．代沟［M］．曾胡，译．北京：光明日报出版社，1988.

11. 安德鲁·韦伯斯特．发展社会学［M］．李培林，译．北京：华夏出版社，1987.

12. 卡尔·波兰尼．大转型：我们时代的政治与经济起源［M］．冯钢，刘阳，译．杭州：浙江人民出版社，2007.

13. A. H. 马斯洛．人类价值新论［M］．胡万福，等译．石家庄：河北人民出版社，1988.

14. 埃米尔·迪尔凯姆．自杀论［M］．冯韵文，译．北京：商务印书馆，2008.

15. 阿历克斯·英格尔斯．人的现代化：心理·思想·态度·行为［M］．殷陆君，译．成都：四川人民出版社，1985.

16. 古斯塔夫·庞勒．乌合之众［M］．冯克利，译．北京：中央编译出版社，2004.

17. 萨林斯．甜蜜的悲哀［M］．王铭铭，译．北京：生活·读书·新知三联书店，2000.

18. J. S. 密尔．代议制政府［M］．汪瑄，译．北京：商务印书馆，1982.

19. 亚里士多德．政治学［M］．吴寿彭，译．北京：商务印书馆，1997.

20. 塞缪尔·亨廷顿．变化社会中的政治秩序［M］．王冠华，译．北京：生活·读书·新知三联书店，1996.

21. 约翰·罗尔斯. 正义论 [M]. 何怀宏，译. 北京：中国社会科学出版社，2009.

22. 阿尔蒙德·维巴. 公民文化：五国的政治态度和民主 [M]. 徐湘林，译. 北京：华夏出版社，1989.

23. 马克斯·韦伯. 新教伦理与资本主义精神 [M]. 阎克文，译. 上海：上海人民出版社，2010.

24. 恩斯特·卡西尔. 人论 [M]. 甘阳，译. 北京：西苑出版社，2003.

25. 杜赞奇. 文化、权力与国家：1900—1942 年的华北农村 [M]. 王福明，译. 南京：江苏人民出版社，2002.

26. 弗里曼，毕克伟，赛尔登. 中国乡村，社会主义国家 [M]. 陶鹤山，译. 北京：社会科学文献出版社，2002.

27. 施坚雅. 中国农村的市场和社会结构 [M]. 史建云，徐秀丽，译. 北京：中国社会科学出版社，1998.

28. 齐格蒙特·鲍曼. 流动的现代性 [M]. 欧阳景根，译. 上海：上海三联书店，2002.

29. 迪森·森哥哈斯. 文明内部的冲突与世界秩序 [M]. 张文武，译. 北京：新华出版社，2004.

30. 哈拉尔德·米勒. 文明的共存 [M]. 郦红，译. 北京：新华出版社，2002.

31. 泰勒·考恩. 创造性破坏：全球化与文化多样性 [M]. 王志毅，译. 上海：上海人民出版社，2007.

32. 弗朗西斯·福山. 历史的终结及最后之人 [M]. 黄胜强，许铭原，译. 北京：中国社会科学出版社，2003.

33. 本尼迪克特·安德森. 想象的共同体：民族主义的起源与散布 [M]. 吴叡人，译. 上海：上海人民出版社，2005.

34. 特瑞·伊格尔顿. 文化的观念 [M]. 方杰，译. 南京：南京大学出版社，2003.

35. 斐迪南·滕尼斯. 共同体与社会：纯粹社会学的基本概念 [M]. 林荣远，译. 北京：商务印书馆，1999.

36. 刘易斯·芒福德. 城市发展史：起源、演变和前景 [M]. 宋俊岭，译. 北京：中国建筑工业出版社，2005.

37. 阿诺德·汤因比. 历史研究 [M]. 刘北成，译. 上海：上海人民出版社，1986.

三、期刊

1. 邓运佳. "湖广填四川"与川、楚戏剧整合考（下）[J]. 四川戏剧，2010（6）.

2. 王龙生，徐艺. 非物质文化遗产视域下民间传统艺术价值功能探析：以云南镇雄端公戏为例 [J]. 红河学院学报，2013（6）.

3. 李绍明. 巴蜀傩戏中的少数民族神祇 [J]. 云南社会科学，1997（6）.

4. 陈攀，彭代明. 道明竹编艺术融入本土高职院校公共艺术基础课程的重要性探究 [J]. 西部皮革，2019（22）.

5. 尹杰钦，陈晓剑. "欲知大道，必先为史"："中国近现代史纲要"学习的历史观与方法论 [J]. 当代教育理论与实践，2020（6）.

6. 贺才乐，张涵. 大学生新孝德教育探讨 [J]. 创新与创业教育，2017（4）.

四、学术论文

1. 康雪梅. 四川省广元旺苍县端公戏研究 [D]. 成都：四川大学，2019 年.

2. 张江诗琴. 益阳竹文化产业发展研究 [D]. 长沙：湖南大学，2017 年.

3. 杨蕊. 江西民俗文化区划研究 [D]. 南昌：江西师范大学，2015 年.

五、电子文献

1. 四川省崇州市竹艺村 文创＋农旅成功典范［EB/OL］. https://www. sohu. com/a/408242101_825181.

2. 乡村振兴的文化力量：浅析成都的乡村文化建设实践［EB/OL］. https://baijiahao. baidu. com/s? id ＝ 1612655477547902 849&wfr ＝ spider&for＝pc(2018).

3. 民宿助力乡村振兴 彭州打造文旅产业发展新格局［EB/OL］. http://www. ce. cn/culture/gd/201907/04/t20190704_32530 299. shtml.

文化振兴是乡村振兴中不可缺少的重要组成部分。自党的十九大提出乡村振兴战略，党的二十大进一步提出全面推进乡村振兴、坚持城乡融合发展以来，各地乡村结合自身实际开展了丰富而生动的探索。对实践进行跟踪和观察，并给予理论的关照和思考成为研究者们的责任。

《新时代乡村文化振兴研究》一书便是在这一背景下应运而生的，该书是中共四川省委党校（四川行政学院）创新工程项目。该项目由中共四川省委党校（四川行政学院）社会和文化教研部主任陈叙教授主持，在陈叙教授主持的国家社科基金项目《乡村振兴视域下基层文化领导权的运行机制研究》的前期调研基础上，由中共四川省委党校（四川行政学院）社会和文化教研部骨干力量组建研究团队，通过深入的调查研究，选取乡村文化振兴中的创新实践进行跟踪观察，并在理论关照下对相关案例进行深度分析，以寻求乡村文化振兴的一般性规律。

课题导论由陈叙教授承担。第一章和结语由肖尧中教授承担，第二章由柯晓兰副教授承担，第三章由肖尧中、陈叙带领硕士生罗天彪、韩芳共同完成，第四章由廖华副教授承担，第五章由张慧芳副教授承担，第六章由李颖丽讲师承担。

在习近平文化思想的指引下，新时代乡村文化振兴的实践还在如火如荼地开展，跟踪调查和研究仍在持续开展。由于时间仓促，一些具有代表性的案例未能写入本书，一些最新的探索还需要理论思考的沉淀。尽管本书最大限度地涵盖了乡村文化振兴的重要方面，但基于实践的理论透视和对乡村文化建设的理论建构尚存在空疏和不足，有待在未来的研究中进一步完善。